88万人のコミュニティデザイン

希望の地図の描き方

世田谷区長
保坂展人
HOSAKA NOBUTO

ほんの木

まえがき

この3年数カ月間、世田谷区長として仕事をしてきました。「3・11」の東日本大震災の直後、2011年4月からです。日本中が大震災・大津波の衝撃と、東京電力福島第一原発事故に揺れるなかで立候補を決めて、短期間の選挙を勝ち抜いて、人口88万人の自治体の長になりました。

政治家の仕事とは、人々の暮らしと健康を守り、時代の転変にあわせて「よりよい結果」を生み出すために、日夜仕事をすることにあります。私は、20代から30代にかけて教育問題を中心として取材・執筆してきたジャーナリストでした。また40代から50代半ばまでは、衆議院議員として永田町政治の渦中《かちゅう》にいました。

自治体で働くのは初めての経験でした。

就任直後に、幹部職員を集めた訓示があります。何が始まるのかと内心ドキドキしていた職員もいたことでしょう。そこで私は、「自治体実務の95％は継続する。５％は大胆に変える」と話しました。

自治体実務は市民生活の基礎を担っています。間違いなく事務が処理され、記録は正確でなければなりません。滞《とどこお》りなく自治体実務が実行されることを前提で、市民（区民）生活は成立しています。95％と呼んだのは、定番の事務処理も含めて、これまでの仕事の多くが停滞することのないように自信をもって望んでほしいという呼びかけでした。

ところが、「５％は大胆に改革する」も忘れてはなりません。「なぜ５％なのか」と問われました。それは、国会議員として行政組織と向き合い、制度変更や法改正を実現してきた「相場観」なのです。中央省庁が出した一枚の不思議な「通達」をバージョンアップするだけで、救済される人々がいます。その通達が時代にそぐわないことは一般論として省庁側も認めますが、「新通達」までの時間と苦労を思い出します。また、児童虐待防止法を提案した時、当時の厚生省は「新法に絶対反対」でした。現状が万全との理由です。それを超党派議員の包囲網で少しずつ攻め落として、新法制定につなげていきました。

ふり返れば3年がたちました。

じっくり、堅実に歩みを進めて、「5％改革」も実行に移してきました。私は実務家に徹しました。ひとつひとつの事業を眺《なが》めて、もっとよい方法はないのかを繰り返し担当職員にたずねてきました。その結果、区政の各所から変化が生まれ、あちこちで新しい芽を出してきています。これから読んでいただくのは、ひとつひとつが具体的な事業であり、住民の目に見える結果です。私は、できもしないことを大言壮語をするタイプではありません。力もないのに、アドバルーンを勢いよくあげて一瞬の世間の耳目を集めるようなふるまいは根っから嫌いです。政治は結果が全てです。

この本は世田谷区長として実現した事柄と、その報告を中心としています。同時に、政治家として、また長年文章を書いてきた者として、私自身の過去の経験や内面も顔を出します。生身の人間として迷い、葛藤してきた青年期の回想も入れました。若い世代に、バトンを手渡していく時の、かけ橋の役割をしてくれたらと願います。

就任してから最初の1年半の挑戦の記録は、前著『闘う区長』（集英社新書0667A）に記しました。できるだけ記述は重複しないようにしました。すでに同書を読まれている方は、続編として読めると思います。なぜ、国会議員として仕事をしてきた私が、世田谷区長になったのか。就任早々、何に取り組んだのかは同書にゆずります。

2013年1月から、私は朝日新聞社のサイトで「&W」というウェブマガジンに『太陽のまちから』と題する週1本のコラムを書くことになりました。次第に連載は定着し、ふだんは1万人前後、多い時には数万人の人たちが読んでくれています。（『太陽のまちから』と検索していただくとバックナンバーを読むことができます）本書は、1年半のこのコラムをもとにして、テーマをそろえて再編集し、大幅な加筆の上でまとめたものです。統計上の数値は2014年5月現在にそろえました。

やり方によって社会は変わる、地域も動き始めるという実感が伝われば幸いです。

保坂展人

目次

2章　保育園の「子どもの声」は騒音か　39

3章　子どもの声を聞くことから出発する　71

7章　地域分権と「住民参加と協働」の道　233

ブックデザイン・渡辺美知子
カバー写真・亀井重郎
本文写真・著者&世田谷区 他

1章

孤独な10代と生きづらさを抱える若者たち

カフェのように気軽に立ち寄れる三軒茶屋就労支援センター「三茶おしごとカフェ」

緊張と絶望、孤独の10代を越えた先に

〈ぼくは二十歳だった。それが、人の一生でいちばん美しい年齢だなどと誰にも言わせまい〉（ポール・ニザン『アデン・アラビア』篠田浩一郎訳・晶文社より）

夜中に、長いこと身体の中に潜伏していた10代後半のころの記憶がよみがえり、苦悩と思索と試行錯誤《しこうさくご》の中にいた「あのとき」が目の前に現れることがあります。人は誰も若かった時代をまばゆいばかりの青春の記憶として飾りたがります。でも、私にとっては、苦しく、暗く、細い回廊を手探りで歩くような時期でした。

自分が何者であるのか、自分はどこから来たのか、そしてどこへ向かって歩んでいくのか——。出口のない暗闇の中、ただひたすら考え続けていました。そして、喫茶店の片隅に座っては、2時間も3時間もかけて、なんとか数行の文章をつづるということを繰り返していました。安物のボールペンを握りしめ、筆圧の強い文字を刻《きざ》みつけるようにノート

に書きつけていたのです。私が探していたのは、誰かの借りものでない自分の「言葉」であり、「文章」でした。「何とか自分のものにしたい」と追っても追っても、手の中につかむことは至難の技でした。それから40年の月日が流れ、予想もしなかった道を歩むことになりました。

この間、「あのとき」を思い出し振り返ったのは、わずかな時間でした。それよりも、今日準備しなければならないことがあり、明日のために仕込まなければいけない仕事がありました。いまも、その只中です。それでも、なつかしい写真のスライドショーのように、ふと思い起こすことがあります。

子ども時代を振り返ると、私の場合、数多くの失敗や苦い思い出をおしのけて、すぐに思い出すことができるのは誇らしげな記憶です。小学校5年、6年のころに、級友たちや先生から評価されたシーンがまるで記念写真のようによみがえることがあります。児童の代表としてクラスの意見を先生に伝えたことや、離任する先生との別れにあたり児童代表で「送辞」を読んだこと、ふるまいから発言にいたるまで模範を意識していたような子どもでした。

ところが、私が教室で授業を受けていたのは中学2年まで、と大変に短い期間です。小学校の6年間に2年を足した計8年ということになります。

目ざめは突然やってきました。東大安田講堂事件をはさんで高度経済成長期の受験と選抜のシステムに自分が乗っていることに疑問をもちました。私は中学2年から3年にかけて、ベトナム戦争に反対する市民団体の集会やデモに参加するようになりました。

そして、そのことを高校受験時に作成される「内申書」に記載されたのが15歳の春でした。まるで落ちよ！　といわんばかりの憎々しい内容の内申書により、全日制高校を5校受けたものの不合格になりました。そして、都立新宿高校定時制の2次募集に滑りこみましたが、授業はほとんど受けず生徒会活動に熱中した後、17歳で中退しました。

定時制高校中退を最終学歴とする私は、大学入学資格検定を取ることや海外に留学することもその気さえあれば可能な環境でした。しかし、一度は内申書によって突き落とされた状況を引き受け、身体と言語表現だけでどこまで社会に出ていけるのか実験してみたい、という野心があり、意識的に資格社会の道を選ぶことはしませんでした。わかりやすく言えば、学歴社会の壁はどれだけ厚いのか、そうでないのかを生身の自分を使って実験してみようと思ったのです。それが内申書で進路を阻まれたことへの自分なりの抵抗だったのかもしれません。

ひとりであることを選び耐えてきた

過ぎ去った時間の厚みでしょうか、50代後半にさしかかった今だから、たったひとりで苦闘していた「あのとき」が問いかけているように感じることがあります。

若かったからこそ、無限に見えた「人生の時間の重さ」を嘲笑《ちょうしょう》するかのようなふるまいを繰り返し、世間を知らないから、観念の陶酔《とうすい》に逃れていく。いくつもの場面で、きまりの悪さや後悔を抱えてもいました。

あのとき、私はひとりでした。ひとりであることを選び、ひとりであることに耐え、自力ではいあがろうと、もがいているような日々でした。それでも、非力であることをくやしいけれど認めざるをえず、世界と切り結ぶおのれの主体ができるまで、ひとりでいようとしていたのかもしれません。

そうした泥沼の中で「思考」は成長し、「言葉」は変容しました。まるで乳歯が永久歯に入れ代わるように、誰かの言葉に代わって自分の言葉らしきものを手に入れることができるようになりました。ボールペンは何本もインクが切れて、大学ノートはやがて何冊にもなりました。

最初のルポは「宝島」100ページ特集

20歳を過ぎて、私は教育雑誌や月刊誌に文章を書いて、物書きとして原稿料を得る生活に入ります。当初はアルバイトをしながら、こつこつと書いていていました。

大きなチャンスを迎えたのは、23歳の時でした。当時、A5判だった月刊誌「宝島」で、ミュージシャンの喜納昌吉《きなしょうきち》さんをテーマにいきなり巻頭100ページの特集を書くという依頼を受けたのです。内容はすべて私にまかされました。

沖縄民謡の大家の父（故喜納昌永さん）を持ち、コザ（現沖縄市）に生まれたロックミュージシャンの喜納昌吉さんを訪ねました。あえて取材計画をつくらずに彼の家に3カ月ほど住み込んで、時々バッグを片手に東京、神戸、宮古島へ共に旅をしながらルポルタージュをしたためました。書き上げた作品は「魂を起こす旅、喜納昌吉」（「宝島」１９７９年8月号）として書店に並びました。

この時、締め切り前の1週間足らずで、４００字詰め原稿用紙で２００枚を書き上げた記憶があります。暗闇の中で文章を途切れ途切れに書いていた5年前には、数時間かけても3行しか書けなかった私は、現実に向きあい、ひとつの言葉を吟味し、文章をつなげては切り離し、そして流れを生みだしてゆくという技術をいつしか身につけていたのです。

文章だけではありません。１９９６年、40歳で衆議院議員として永田町に身を置いてからは、慣れない政治の場での仕事との格闘が始まります。借りものではなく、自分の頭で考えるという「あのとき」の訓練が生きることになります。

永田町という政治の世界は、日本でもっとも情報が交錯し、人の許容量を超えた情報が奔流《ほんりゅう》のように渦巻き、現れたかと思うと流れ去っていく現場です。その中から脈絡のない点と点をつなぎ、やがて大きな問題となるであろう小さな兆候《ちょうこう》を見つけだします。この「小さな兆候」をとらえるのは、直感の力です。

私はカンを働かせて、ほんの小さな記事から、やがて大きな問題に発展するニュースを追いかけ、焦点を絞った上で調査や分析を加え、国会審議での質問の準備を重ねてきました。つみ重ねた質問は546回を数え、やがて「国会の質問王」と呼ばれるようになりました。

あたかも激しくうねる大海原にイカリを降ろすかのように、問題の核心を見すえて問い続ける。今、ふり返るならそのエネルギーと集中力は、「あのとき」に由来するように思うのです。こうして準備した質問や論戦は注目を集め、何度も新聞・テレビ・雑誌で報道されていきました。

かすかな希望を仰ぎ見る心臓の鼓動

そして今、88万人の暮らしを預かる自治体の長としての仕事に向き合っています。新たな課題のひとつとして、「生きづらさを抱える若者」たちの支援に取り組んでいます。ふと思いおこせば、私自身がまさに当事者だったのかもしれません。

あのときの私は無手勝流に本を読み、深い洞窟《どうくつ》に隠れるように多くの時間を過ごしていました。何も生まない無意味に思える時間が、やがてどこにつながるのかが見えていたわけではありません。それでも誰かに依存することなく、孤独をよき友とし、自分と向き合ってきた結果、気がつけば、今にたどりついていたのです。

「私の若いころは」と自分の経験をふりかざして、今の若い世代に教訓を与えようという気持ちは毛頭ありません。時代も環境も違いすぎていて、比べることはよいことではないと思います。ただし、葛藤し息をひそめながら過ごした「あのとき」は無意味でも無価値でもなかったことだけは、伝えたいと思います。

10代後半、私は昼はアルバイトで生計を立て、親から自立して自己形成しようと模索していました。身体の疲れと限られた時間にはさまれて、焦りながら自分を追いこんでいました。そして、絞り切ったゾウキンから一滴の水がしたたり落ちるように「自分の言葉」を獲得していったのです。

「言葉」と「言葉」をつなぐ思考の骨格や物事に向きあう思想の土台をつくっていた時期だったことに気づいたのは、最近のことです。

ただ、「あのとき」の緊張感、深い絶望、そして、かすかな希望を仰ぎ見る時の心臓の鼓動を忘れないでいたい、と思っています。

何気なく話したり、使ってきた言葉を大学ノートを広げてひと言ひと言、手でさわり確めるようにして苦闘した「あのとき」の記憶は、私のどこか深層にひそんでいるように感じます。音楽や絵画のように言葉のつながりである文章を発信して、大きく社会を照らすこともできます。

あのときのトンネルは深くまっくらな不安だらけの行程でしたが、けっして行き止まりではなかったと後から気づきます。考え続け、悩み続けて、やがて出口が見えてきたのです。

生きづらさを抱える人々に突破口を

世田谷区の玄関口とも呼ばれる三軒茶屋に、新しい場がオープンしました。「三軒茶屋就労支援センター」（写真1章扉13頁）。特徴は、２０１４年1月から、従来のキャリアカウンセリング、就労支援の相談機能に加えて、ハローワークの窓口が開設されたことです。ハローワークの職員３人が派遣され、端末が7台あります。全体では十数人のスタッフが働く就労支援の拠点となりました。

つまり、渋谷や新宿のハローワークに行かなくても、三軒茶屋で全国ネットの求人情報にアクセスすることができるというわけです。生活の場である地域で、「仕事」と「人」を結んだり橋渡しする環境を整えたいと考え、厚生労働省東京労働局と相談して実現しました。

基礎自治体としては、これまでに例のない規模の「仕事」と「人」をつなぐセンターになります。仕事と人が地域でめぐる地域循環型経済の一歩となります。

渋谷にある「若者ハローワーク」や「マザーズハローワーク」とつながりながら、きめ細かな支援を始めていきます。

予約なしでの「キャリアカウンセリング」を提供するほか、就職活動中の学生や、ベビーカーを押してきたママさんが自分の課題や進路を探るお手伝いをします。さらに、高齢者や障がい者の就労支援も行っていきます。

連日、この場には100人近くの利用者が訪れています。女性の比率が高く、若い世代も目立ちます。区の広報やハローワークでのチラシ以外の宣伝もないのに多くの人に活用されているのは、潜在的ニーズがあったということでしょう。

「仕事探し」は、生きていく上での大きな課題です。どんな仕事にめぐりあうか、これまでの経験を生かせるかは人生を左右する、と言っても過言ではありません。なかでも、若者支援をトータルな視点で継続していこうと考えています。

苛酷《かこく》な就職活動でプライドを傷つけられ、生きていくことに絶望しかけている若者たちは少なくありません。就活という仕事探しの中で、何十社もの「不採用通知」を受け続け、心が折れてしまう若者たちもいます。ＮＰＯ「自殺対策支援センターライフリンク」代表の清水康之さんによれば、就職活動中の学生たちの２割が「死にたい」と考えたことがあるそうです。

ライフリンクが２０１３年3月と7月に、東京都内で学生にアンケートしたところ、７月の調査で、就職活動を始めた後に「本気で死にたい、消えたい」と考えたことがあるかについて、約１２０人のうち26人が「ある」と答えたのです。

こうした「生きづらさ」を抱えている若者たちの現状を受け止めて、有効な支援につなげていくワンストップサービスができる自治体をつくりたいと考えています。もちろん、実現していくには相当に大きな力と緻密《ちみつ》な体制が必要となるでしょう。

定時制高校を中退し、仕事探しを続けた

私自身を振り返れば、定時制高校を中退した１９７０年代半ばに、「仕事探し」に苦労した体験があります。

就職するには「学歴」の制限があり、新聞の求人広告や求人誌を目を皿のようにして探

しても、実際に選択可能な仕事には限りがあります。いくつもの仕事をしながら、あるこだわりをもって「仕事探し」を続けました。

そうしたなかで、私は多くの求人情報の中から「できるかどうかぎりぎりわからない仕事」に挑戦する、という基準で仕事を選び、探しました。石油コンビナートタンクの中に入って腐蝕《ふしょく》や亀裂《きれつ》がないかどうか超音波をあてて行う非破壊検査、米づくりやレタス栽培農家での住み込み作業など、危険な仕事や遠隔地でのものなど、20以上の仕事を転々としました。

1980年代に入って、教育問題が大きくクローズアップされた時、私は教育ジャーナリストとして学校現場からのレポートを続け、メディアでの発言の場に恵まれました。縁あって『明星』『セブンティーン』という芸能誌に学校事件や子どもたちの声を伝える連載を持ち、反響を呼んで次々と単行本化されていきました。教育問題をテーマにテレビのレポーターやコメンテーターもずいぶんとやりました。

こうして、20代の半ばには、ジャーナリストとしての収入は同世代の会社勤めの人たちを大きく上まわるようになり、社会的な発言力も増してきました。

そこで、子どもたちの現状を伝えて稼いだ金銭を私なりに社会に還元しようと、雑誌や本の編集等のメディアの仕事をしながら、東京・代々木にマンションを借りて事務所兼フリースペースを運営しました。数人のスタッフを抱えて、1日40～50人の若者たちが出入りしていました。いわば、若者たちの梁山泊《りょうざんぱく》のような場をつくったのです。

そこに飛び込んでくる若者たちの多くは傷ついていました。「死にたい」と考えたことがあったり、苛酷な「いじめ」に耐えてきたり。まるで、荒海を漂流しながら、やっとのことで孤島に行き着いたかのようでした。その後、自信を取り戻して元気になった子もいれば、やはり傷を癒やせないまま消息不明となり、後に亡くなっていたことがわかった子もいました。

私は非力を感じながらも連日、10代の子どもや若者と向き合っていました。同世代や年長の人たちとは仕事上の打合せのみで、ほとんどの時間を10代の子ども・若者たちと語り続けていたのです。

「いじめ」を訴える声から子どものころの記憶をたどる

こうして、80年代後半、私が集中的に取材したのは「いじめ」の問題でした。今も保存していますが、いじめに悩み苦しむ子どもや若者から寄せられた手紙は数千通にのぼりました。

90年代に入って、この大量の手紙を再読し、解決への手がかりを探すようになりました。『いじめの光景』（1994年刊・集英社文庫）という本を書き下ろしでまとめながら、ふと気がついたことがありました。客観的には孤立無援・暗中模索の日々であっても、その只中で、私が無力感に沈んで落ち込んだり、敗北感にうちひしがれることがなかったのは、子ども時代の私に「評価」「承認」が与えられていたことで、感情の土台が築かれていたからではないかと感じたのです。

小学校5年の時に父が思わぬ病気をして入院したことも影響しています。退院のメドが立たず目の前にあった大黒柱が折れそうになり、家族の屋台骨を自分が支えなければ大変なことになる、と自覚したことを覚えています。

のほほんと過ごしていた子どもが、突然に屋台骨を背負うような緊張感の中、誰かに依存できないと身構えたのです。その時、急激に大人びた少年となりました。

結果としては、父は数カ月後に退院して戻り、元通りの生活が始まったのですが、破局や崩壊をリアルに想像した経験はその後の思春期にも宿り続けていました。

私は小学校高学年から中学生にかけて、図書館にある本を片っ端から読みました。乱読に近かったと思います。父の書棚から岩波文庫の旧カナ遣《づか》いの本をひっぱり出しては、まるで三度の食事をするように、毎日1冊は読み終えていました。

読書を通して物事を客観的に眺《なが》める習慣ができ、ドラマチックな人生に憧れるようになりました。この世に生を受けたからには何事かに挑み続け、失敗をおそれず、やり遂げることが美しい、という少年期にありがちなヒロイズムに酔っていたのかもしれません。

自己肯定感は生きてゆく力、他者と自己の相互承認

このところ、教育・子育てをテーマとする講演などで「自己肯定感」について語る機会が増えています。それまで、あまり自分のことを意識してきませんでしたが、振り返って

みれば、私がこうした歩みを続けてこられたのも、幼少期に「自己肯定感」を得られたからだと思います。それがあるからこそ、自分で自分を承認する、失敗も含めて受容し、また休息の後に挑み続けるということができたのではないか、と感じています。

「教育委員会の改革」や「道徳の教科化」など、教育をめぐる政治の動きが目立ってきています。けれども、人の内面の成長に不可欠な「自己肯定感」を紡《つむ》ぐための議論はまだ乏しいように感じます。子どもは誰もが成長する力を内側に持っていて、それを引き出していく舞台装置が進化していかなければならない時代です。

日本の教育は、「滅私奉公」という言葉に象徴されるように、間断なき自己否定の蓄積によって社会や企業の歯車のひとつとして正確に稼働する人材をつくってきました。ただ、これからは経済成長一辺倒ではなく、成熟を志向する時代がやってきます。

とくに、マニュアルに従い、多くの人と同じ道をいけば無難な進路がひらけるという時代ではありません。逆境の中で、誰にも頼ることのできない困難な壁《かべ》に当たるかもしれません。そんな時、自力走行しながら壁を越えていくか、別の道を選ぶのかの判断が迫られます。

「自己肯定感」は相手の存在を互いに認めあう「他者の承認」にもつながり、双方向の「相互承認」を生み出します。自分のことにのみ関心があり、他者への関心や配慮が欠落した状態から一歩前に出ることになります。ペーパーテストの点数や競争よりも、多くの仲間と協働してつくりあげるプロセスや、試行錯誤をくり返しながら積みあげていく体験が、生きていく力と土台になるのではないかと思います。

「自分いじめ」のスパイラルから抜け出そう

学校は社会の縮図でもあり、人格形成に大きな影響をもたらします。そこには「光」とともに「影」があります。とくに、「いじめ」を受けて耐え悩んできた経験をもつ若者たちからの手紙を読んで、私が行き着いたのは、「自分いじめ」というひとつの言葉です。

いじめは、人間の存在と尊厳に対する「否定の攻撃」です。「くさいから離れろ」「おまえなんか顔も見たくない」「早く目の前から消えてくれ」と容赦《ようしゃ》ない言葉を投げつけた後で、大切にしているものを取り上げたり切り裂いたり、捨てたりします。そこから陰湿ないたずらと暴力へと発展していきます。

ところが、どんなに苛酷《かこく》ないじめでも、いつか必ず終わりがきます。転校や卒業によって学校という場を離れると、未来永劫《えいごう》続くのかとも感じられたいじめは終結するのです。しかし、外部からつけ狙う他者からのいじめはなくなっても、問題はより根深くなる危険があります。

いじめにより、長い期間にわたり、激烈に「存在と尊厳」を否定され続けていると、内面に自己否定が宿り、自分で自分を攻撃する「自分いじめ」の状態に陥《おちい》るのです。「自分には何の取り柄《え》もない」「自分は生きている価値のない人間だ」「自分は誰からも必要とされていない」と、内なる否定が魂《たましい》を傷つけ続けてしまうようになるのです。「自分いじめ」は、長期にわたる場合が少なくありません。

「自分いじめ」と別の言い方をすれば、「自分で自分を承認する＝自己肯定」より、「自分で自分を否定する＝自己否定」の方が強い状態と言えるでしょう。

「自分いじめ」は日本の学校評価や企業風土に通じている

こうして、いじめの後遺症に悩む若者たちの声を聞きながら、「自分いじめ」は特別なものではなくて、日本の学校評価や企業風土に通じているのではないかと思いいたりました。私たちの社会は「失敗しないこと」「ミスをしないこと」に強くとらわれています。

世田谷区の区立小中学生２６００人を対象とした調査（「子どもの生活と人権意識の調査」２０１１年12月実施）の中で気になる結果があります。

「自分自身が好き」についての質問では、「そう思う」と答えたのは、小学5年生が52％、中学2年生は32％でしたが、「他の人から必要とされている」については、「そうは思わない」が小学5年生で59％、中学2年生で69％にのぼっているのです。

自己肯定感は、小学5年生（約5割）から、中学2年生（3割）になると減少し、他の人から必要とされているという意識（自己有用感）も、小学5年生（4割）から中学2年生（3割）になると縮んでいく。

突き放したように自分の現在と将来を見つめ、渋く低めの自己評価をする子どもの心象風景がかいま見えるようです。

世田谷の子どもたちの自己肯定感

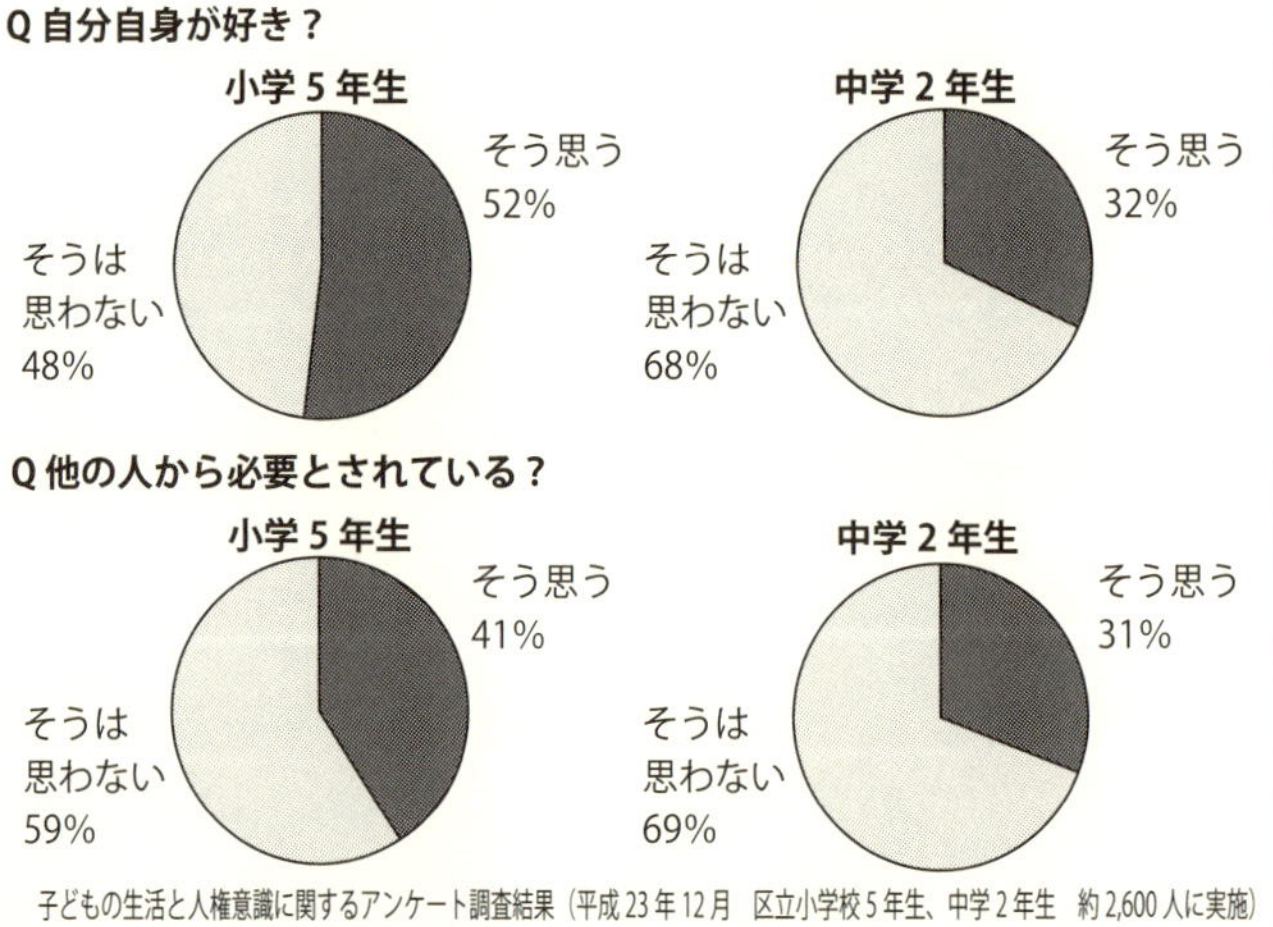

子どもの生活と人権意識に関するアンケート調査結果（平成 23 年 12 月　区立小学校 5 年生、中学 2 年生　約 2,600 人に実施）

官僚組織や大企業でも「成果をあげること」より、「失敗せずに何事もなく任期を終える」ことが評価の対象となってきた時期が長く続きました。

「挑戦していい線までこぎつけたが結局は失敗した」ケースよりも、「できるだけ余分なことには手を出さないで、前例を踏襲《とうしゅう》してきた」ケースの方が評価される社会が続いてきたのです。

現実に子どもたちの間に「いじめ」が起きても、「いじめではありません」と事実を糊塗《こと》してしまおうとする風潮が強いのも、「いじめを認め、解決に向けた努力をした学校」より、「いじめは存在していないと装《よそお》う学校」の方が評価されてきたからだと思います。

自分自身を低く評価し、厳しく律していく人材が大量に必要とされた時代がありました。高度経済成長期の「期待される人間像」は、上司の指示にハイと素直に従う労働者をイメージしたものでした。

あれこれ考えたり、自分の意見を言ったりせずに、単純な反復作業でも忍耐強く正確にミスなくこなしていける人材が求められていました。

「存在と尊厳」を蹂躙《じゅうりん》することなく、減点法から脱しよう

ところが、時代は変わりました。新社会人となる若者たちの手がける仕事は、これから激しく変化していきます。定型的処理作業の正確さも求められますが、それだけでなく臨機応変の状況判断や創意工夫、さらには対外的に好印象を呼び起こす「人格の内面」や「身体的なふるまい」まで要求されます。

これまでの教育フレームの枠外にあったふるまいまでが評価の対象となる労働の場は、なかなか心休まる時がないとも聞きます。こうした傾向を肯定しているわけではありませんが、一世代前の親世代の労働のあり方と比べると、はるかに荷重は重いと感じさせられます。

働き始めたものの「存在と尊厳」がズタズタになり、「自分いじめ」の状態に陥って苦しんでいる人たちも少なくありません。

いい仕事をするには、プライベートな時間をしっかり持つことです。自分は自分であることを無条件に認めて、エネルギーを蓄える時間を大切にしてほしいと思います。背伸び

や無理をして「存在と尊厳」を蹂躙《じゅうりん》するような働き方は自分を傷つけるだけで、得るものは少ないと思います。むしろ、社会の評価軸は減点法から脱する時が来ています。

失敗をしても結果を直視し、そこから学んで立ち直る力。同時並行で進めるプロジェクトのひとつが行き詰っても、他のプロジェクトを進めながら、あきらめず打開の方策を追求する粘りも必要です。

「何もしなければ失敗もない」というたぐいの文化はもう滅びてしかるべきです。

2章

保育園の「子どもの声」は騒音か

オランダのイエナプラン教育のデ・クリング小学校。子どもが前に乗る親子自転車

子どもの声は騒音か？

それは、2012年8月の私のツイッターでのつぶやきから始まりました。

「保育園の園庭での子どもの声がうるさいと近所からの苦情で、せっかくの園庭に午後は出ることができないという話を聞いた。防音壁をつくる保育園もある」という内容でした。何気ない日常の一コマとして見逃すことのできない話でした。

「待機児童対策」は全力をあげて取り組んでいるテーマです。にもかかわらず、近隣からの苦情によって建設を断念する保育園や、運営に支障をきたしているというケースが、それ以前にも耳に入っていたからです。ツイートは予想外の広がりをもちました。反響がまた反響を呼んで、2カ月後、10月14日、朝日新聞東京版にこんな記事が掲載されました。

◆「『騒音』苦情悩む保育園」、「対応に苦慮」世田谷区長のつぶやき反響

「役所に寄せられるクレームの中で、『保育園で子どもたちの声がうるさい』というもの

があり、対応に苦慮している」「防音壁を作ったり、子どもを園庭に出さないということも起きている――」

8月25日、世田谷区の保坂展人区長がツイッターでつぶやいた。多くの反響を呼び、応える形で保坂区長はつぶやきを重ねた。2千以上リツイート（引用）されたものもあった。「運動会を屋内でやった、という事例を紹介してくれたフォロワーもいた。保育園が『迷惑施設』になってしまっている」。取材に対し、保坂区長は驚きを隠さずに答えた。

◆交渉で設計変更

区内のある保育園を訪ねた。約30平方メートルの細長い部屋で、1歳児10人が3人の保育士と一緒におやつを食べていた。楽しそうな声に交じって突然、火が付いたように泣き出す男の子の声が響いた。若い女性保育士が付きっきりでなだめる。どこにでもある保育園の日常風景に思えた。

園長の男性が壁に並んだ三つの窓を指さした。「開かずの窓なんです。1回も開けたことがない」

三つの窓はすべて厳重な防音対策がしてある。外側をすりガラスにした上でガラスを二重のペアガラスにし、内側にもう一つサッシを付ける念の入れよう。「すぐ裏が民家で、騒音の苦情が来るのを防ぐためです」と園長。「夏場は暑くて大変。衛生的にも気になるので、本当は開けてあげたいんですが……」

住宅街にある比較的新しいこの保育園は、近隣との度重なる交渉の末にようやく設立した経緯があった。

計画が持ち上がった当初、「子どもの声がうるさいのでは」「建物の圧迫感が気になる」などと住民たちから不安の声が上がった。「人工透析を受けていて家にずっといる。絶え間ない騒音は健康に障《さわ》る」といった切実な声もあった。

◆ペアガラス「開かずの窓」　園庭使用制限

住民説明会のたびに要望を受け入れて設計を変えた。法令上は隣接地との境界から50センチ離れれば問題ないが、園舎を住宅地との境界から4メートル後退させた。事務所を狭くし、乳児室も基準ギリギリの広さだ。垣根には木を植えて園児が隣家をのぞき込めないようにした。２階のベランダや裏庭は原則、園児が立ち入らないようにしている。（中略）「園児が園庭に出る時間を制限」「ピアノ演奏時は窓を閉める」「風で飛ばないように園庭の砂を重いものに交換」――。区内の保育園の対策の一例だ。（後藤遼太・２０１２年10月14日付　朝日新聞）

この記事もまた反響を呼び、いくつかのテレビ局がニュースで流し、また話題は広がりました。

ツイッターで何度も取り上げてきた話題ですが、反響の投稿によって、こうした現象は全国に及んでいることがわかりました。次から次へと事例が寄せられてきたからです。保育園だけでなく、幼稚園や小学校のケースも多々あります。また、かなり以前から、保育園や幼稚園の園庭と民家やマンションの間に「防音壁」をつくったり、二重ガラスにする等の「対策」が行われてきていたこともわかりました。子ども施設と音に関する「事例」には事欠きません。

「子どもの声まで騒音扱いされるのでは世も末だ」というツイッターでの嘆《なげ》きの声が、主に若い世代から多く届きました。子育て世代からも、たくさんの体験が寄せられてきましたが、「子どもが迷惑物扱いされている」という言葉が印象に残ります。一方で「耐えがたい声の騒音に苦しめられている少数者の立場にも立ってほしい」「一方的に苦情者が悪者扱いされているようで怖い」との声もありました。

反響の広がりを見て、ツイッターのフォロワー集会を開きました。多くの意見にふれて、当初に感じたよりも奥の深い問題だということもわかってきました。

ドイツでは「子どもの声」は環境騒音から除外された

ドイツでも、まったく同様の問題がありました。しかも、社会的な議論の高まりは、ついに法改正まで行きつき、「子どもの声は環境騒音ではない」と明文化されました。日本のようにあいまいにしておかない国民性も感じられます。

ドイツの連邦議会は2011年5月26日に、「乳幼児・児童保育施設及び児童遊戯施設から発生する子どもの騒音への特権付与法」を可決しました（『ジュリスト』1424号有斐閣、2011年）。

ドイツには環境騒音に関する厳しい規制があります。静かな生活を営む権利が守られているということになります。従って、幼稚園や保育施設等から出てくる子どもの声や音を「騒音」として裁判に訴えるという訴訟が相次いだと聞きます。「特権付与法」は、子ども施設から出る音や子どもの声を環境騒音から除外するという法改正でした。子ども施設から出る子どもの声、泣き声、叫び声、また歌や楽器の音など全てが「環境騒音にはあてはまらない」としたのです。

ドイツでも日本同様、あるいは日本以上に「子ども施設からの音」をめぐる近隣トラブルが訴訟に転じていることが背景にあって、「子ども施設からの声・音・振動等は騒音として損害賠償請求の対象にすることから除外する」という法制定をして、子ども施設を社会全体が許容し、保護することを目的としたものではないかと受けとめます。

子ども施設を維持運営するだけでなく、新設することを迫られている自治体や事業者としては、近隣の苦情や訴えを施設責任者や行政窓口の「人間力」だけで対応することには限界があるのが事実です。少なくともこの問題を抱え込まずに社会的問題として考える、地域コミュニティに投げ返す、また解決モデルをつくることが必要だと思います。

それにしても、ほぼ時を同じくしてドイツで「子ども施設」からの音が社会問題化し、訴訟が次々と起きていたこと。そして、法改正によって結着がはかられたことは驚きでした。いったい、どんな経過があったのでしょうか。そこでドイツの事情に詳しい友人のジャーナリストにお願いし、その背景を調べてもらいました。

しばらくして、友人から報告が届きました。「子ども騒音」に対する判決で幼稚園が閉鎖に追い込まれる事態に、自治体が条例で対抗し、また議論が大きくなって、法制定にいたったという流れがあったようです。

友人のジャーナリストの報告

ドイツで「幼稚園がうるさい！」との議論が激しくなったのは、2007～2008年頃からのことだそうです。近隣住民が閉鎖・移転を求める裁判が複数あり、2008年10月にはハンブルク・オトマルシェン地区の幼稚園が地方裁判所により使用差し止めとなりました。定員60人くらいの規模でしたが、幼稚園が居住区に指定される地区にあったため、高等行政裁判所がこの程度の規模でも「静閑《せいかん》を乱す施設は許されない」と判断したのです。

さらに2009年5月にはベルリン市フリーデナウ地区の「ミルヒッツァーン幼稚園」が移転せざるをえない事態になりました。商業・住居用建物にその幼稚園が入っていたため、地方裁判所が目的外使用と判断したためです。

さすがに、子どもの遊び声そのものを違法とはできないので、その地域や建物が静閑を期待する場所であるかどうかが問われたようです。

ハンブルクではその後も（幼稚園側が）敗訴し、やはり「規模縮小・防音壁で」との妥協案が浮上しました。しかし、「子どもの声は騒音」とした判決自体がスキャンダルだ、という声や批判が強まりました。結局、市の条例で「子どもの声」など、子どもが原因の音は騒音として扱わないということを決めたようです。

ベルリンでの議論も同様の展開を見せました。その当時の雑誌の記事を訳出しましょう。

「ベルリン市が新州法　〝子ども騒音〟を保護」

「ドイツにおいて子どもの遊び声は近年、美しき調べとは響かなかった。だがこのたび、ベルリン市はドイツ連邦各州に先駆けて新たなルールをつくることとした。今後、首都ベルリンにおいては子どもによる騒音は法的に保護される。子どもたちの成長は、もはやこれ以上妨げられない」（独誌『シュテルン』電子版2010年1月16日記事リードより）

（記事本文）

連邦各州で初の取り組みとして、ベルリン市は子どもによる騒音を法律上明確に保護し、近隣住民の便宜は後回しにする。市環境局は「子どもが原因の音は、今後、法的にも社会的にも受け入れられ、容認すべきものと判断されることになる」としている。

関係するベルリン州環境侵害防止法の改正は、この水曜日に施行される予定だ。これにより、幼稚園、休暇施設など子どもの使用が想定される施設は、近隣住民の声があったとしても、その存在が保障される。

州環境政策担当のカトリン・ロンプシャー州上院議員は「音を立てずして子どもたちが

健康に育つはずがない。遊び場だろうと、家だろうと幼稚園だろうと、子どもの騒音は子どもの心身の育成に属するものだ」と言う。「もし、子どもの有する成長の権利に貢献したいのなら、近隣住民は、耳障りでも子どもによる音は基本的に容認しなければならない。子どももまた、自分の周りの許しによって存在していることを学ばねばならない」とも述べた。

一方、連邦議会ではＦＤＰ（自由民主党）などから批判が出ている。連邦議会ＦＤＰのユディス・スクレドゥニー議員は「子どもの音が子どもの成長に属するという点に焦点を当てた点は歓迎する」としながらも、連邦政府全体の取り組みがなければ「ベルリン市だけが突出するのは誤ったシグナルを送る」と言う。各州がバラバラな対応を取れば、かえって目的に反する結果になりかねない、という主張だ。「ドイツは全体が家庭により優しくならねばならない」と同議員は言う。「よって、子ども騒音の問題は、連邦政府全体のテーマとして扱うべきだ。権利が各州で分かれている状況を許せば、子どもに優しい、あるいは優しくない州に連邦を二分することになる」と同議員は警告した。

（友人のジャーナリスト訳）

これが、2011年の連邦政府全体への法制定につながっていったのでしょう。ただ、この問題が表面化したのが、2007年とまだ歴史が浅いことにも着目したいと思います。それまでも、幼稚園からの子どもの声は周辺に響いていたことでしょうし、住宅街の静穏を求める住民と衝突する事態もあったことだろうと想像します。

世田谷区にはすきまなく住宅密集地が広がっています。

保育園や幼稚園が新たに計画される場合、近隣から「子どもの声」を理由として反対の声があがることも、よくある話です。ドイツ社会で起きていた問題と根はひとつですが、条例や法改正をもって「騒音ではない」としたところが日本との大きな違いでしょう。

人口減少社会で社会保障の屋台骨が揺らいでいる時、医療保険も年金も次世代が元気に育ってくることを前提にしている制度であることを忘れないでほしいと思います。さらに、「子どもが声をあげて元気に育つ権利」に着目したいと考えています。子どもは未来の可能性であり、子ども施設の音を排除しないで受容する地域社会をつくりたいと思います。

数え方次第で「待機児童」が半減する?

2013年4月末の記者会見で、世田谷区の待機児童数を発表しました。過去最多の「884人」です。(2014年1109人)その後、横浜市が「待機児童ゼロ」を発表すると、「認可保育園の株式会社参入」に注目が集まり、私のところにもメディアの取材や質問が相次ぎました。横浜市の待機児童解消に向けた精力的な取り組みには敬意を払うところですが、この問題を議論する前提について疑問があります。というのも、待機児童数のカウントの仕方が自治体によって相当に違うからです。

世田谷区では、待機児童数を国の基準にならっています。国の基準では、認可保育園へ入園を希望しながら入園できていない児童数(2013年4月1日現在、1865人)から、「保育室」「保育ママ・家庭的保育事業」「認証保育所」「幼稚園での預かり保育」などのケースを差し引いて算出しています。

こうして出された世田谷区の待機児童884人のなかには、認可保育園に申し込みながら入所できず育児休業を延長した「育児休業延長中」（１４２人）、「自宅で求職活動中」（２０３人）、「私的事由」（自宅のある出張所などの管内に認可保育園、保育室、認証保育園、保育ママなどの空きがあるのに利用しない／１５２人）といったケースが含まれています。

ところが、横浜市では、こうしたケースを「待機児童」とは見なさないのです。ただ、世田谷区では「待機児童」と見なさないものの、横浜市では「待機児童」という逆のケースも一部にはあるようです。いずれにしても、横浜市の算定方式で数え直すと、世田谷区の「待機児童」は約４００人となり、半減することになります。自治体によって、待機児童の算出方法はバラバラなのです。なぜ、このようなことが起きているのでしょう。

待機児童問題で厚生労働省に問いかける

２０１３年５月27日、私は保育待機児童問題に携《たずさ》わる区の幹部を伴って、厚生労働省の石井淳子雇用均等・児童家庭局長に会いました。その場で、こう問いかけたのです。

「自治体によって待機児童数の算出方法がまるで違う。算出方法を変えるだけで、待機児童数は大幅に減ったり増えたりする。子育て世代に正確な情報を提供するのが自治体の役割だと思う。厚生労働省は責任を持って、待機児童数のより詳細な基準を示して実態を把握すべきではないでしょうか」

石井局長は、こう答えました。

「国としては統一基準で調査票を配布して調査をしています。あとは、市町村次第です」

5年間で「待機児童ゼロ」を目指すという安倍内閣。その担当局長はあくまで、自治体の判断に委ねる、と言わんばかりです。ただ、こうも話しました。

「これから始まる新制度（「子ども・子育て支援新制度」）では潜在的な保育ニーズの把握が重要であり、的確に把握できるように、自治体間のズレがあれば正していきたい」

どうやら、2015年に新制度が始まるにあたっての課題として受け止めている、ということのようでした。

しかし、待機児童問題は目の前に迫った切実な課題です。メートル法と尺貫法という異なる定規で計測した数字を比べて、待機児童が「多い」「少ない」と論評していること自体、問題への対策を歪《ゆが》めかねないのではないでしょうか。実態とズレた不正確な事実をもとに「待機児童ゼロ」を打ち出せば、本質的な問題を見落とさないとも限りません。

待機児童解消に立ちはだかる「壁」

待機児童解消までの道は容易ではありません。世田谷区ではこの3年間、0歳から5歳までの子ども人口が年間で約1000人増加するという傾向が続いています。そのうえ、これから生まれてくる子どもたち、新たに引っ越してくる子どもたちにも目配りが必要だと認識しています。

保育園の中でも定員の多い認可保育園をつくるには、1000平方メートルという広い土地を確保しなければなりません。そのためには、売却が決まっている国家公務員住宅跡地などの国有地を借りることができるかどうかが大きなポイントになります。

そのひとつとして国に働きかけてきた結果、10カ所で1300人分の保育園の用地を確保しました（2014年6月現在）。

ただ、一般的にこうして確保した土地を活用して園舎をつくるには、さらに巨額の費用がかかります。認可保育園をつくる際、その施設整備にあたる社会福祉法人には手厚い支援があります。国の「安心こども基金」から50％、東京都から25％、さらに区から12・5％、あわせて87・5％もの公費を受けられるのです。世田谷区で認可保育園をつくるには約2億4000万円がかかると試算すると、社会福祉法人であれば3000万円の自己負担で済むのに対して、株式会社だと全額を負担しなければならなくなります。これが、認可保育園の運営に、株式会社やNPO法人などの参入を考える際に気になる点のひとつです。

先に厚生労働省の石井淳子雇用均等・児童家庭局長と面会した際（2013年5月）、この施設整備のあり方についてたずねました。

すると、2015年から始まる新制度のもとでも、社会福祉法人に対しての公費補助は継続し、一方の株式会社などには、建物の減価償却費にあたる金額を一定の期間、国が負担する方針である、との答えが返ってきました。

また、株式会社には倒産による「急な閉園」のリスクがあります。その場合、保育園に残る子どもたちをどうするのか、というのが深刻な問題となります。企業が撤退すれば、世田谷区のような基礎自治体がすべての責任を負うことになります。そんな時にどうするのかと問うと、「自治体におまかせします」との回答があっさり返ってきました。現実には、閉園後の子どもたちの預け先を確保するには大きな困難がともなう——と、さらにぶつけてみました。

「新しい制度のもとでは、市町村の権限が拡大・強化され、保育園を運営する企業に立入調査をしたり、帳簿類などを提出させたりできるようになります。市町村にはこれまで以上に積極的にチェックをしてもらいたい」

とくに、保育士の勤続年数などは健全な運営ができているかどうかを見極める着目点になるのではないか、と石井局長は話しました。

株式会社やNPOの保育事業への門戸開放

この「施設整備費の補助」と「事業者に対する審査」の方針については、厚労省に直接確認したことで初めて判明したことです。株式会社やNPO法人などの保育事業への参入について、世田谷区としてどのような制度設計ができるのか、検討を重ねて、きちんとした審査を実施することを前提にして門戸を開放しました。

待機児童を解消するために、子ども1人あたりの保育士の数を減らし、保育所の面積を狭めよとの主張が強まっています。保育の「量」（受け入れ児童数）を広げていくことが喫《きっ》緊《きん》の課題であることは認識していますが、そのために保育の「質」が損《そこ》なわれることがあってはいけない、との思いを強くしています。

私の脳裏をよぎるのは、ＴＢＳディレクターだった堂本暁子さん（のちの千葉県知事、２００1年〜２００９年）が80年代に取り組んだ「ベビーホテル」問題です。何の規制もなく詰めこまれたベビーホテルで、子どもたちの生命が危険にさらされていました。劣悪な環境に置かれた子どもたちの命を守れ、と告発しました。ああした事態を二度と招いてはなりません。

私は、保育園整備を、効率や大人の都合で見るのでなく、これから生まれてきて育つ子どもの立場で取り組んでいきたいと思っています。保育園とは、大切な生命を預かり、育む現場です。そのことをていねいに保障しながら、その現場を増やしていきたいと考えています。

保育をめぐる本音、リアルな声に耳を澄ませば

2013年秋、土曜日の午後、幼い子どもを連れたお母さんたちが会場となるカフェに次々とやってきます。私のツイッターのフォロワー・ミーティングです。

フォロワーの5万6600人（2014年6月）のうち相当数が世田谷区民であり、子育て世代も少なくありません。ツイッターで告知し、インターネットで申し込んで参加する仕組みです。同じ建物にある「子育て広場」に保育をお願いしたので、お子さんを預ける方も多く、子育て世代を中心に、生まれて数カ月の乳児を抱いたお母さんから、保育園の園長さんや保育士さん、独身の男性など約30人が集まりました。

フォロワー・ミーティングを思い立ったのは2012年春のことでした。実際に開いてみると、議論するテンポが早く、内容の濃いやりとりがなされるので、数カ月に1回の間隔で重ねていきます。とくに、今回のテーマに選んだ「子育て・教育」は関心が高く、世田谷区内で場を変えながら何度も開いてきました。

従来の集会や懇談会というのは、主催者の挨拶から始まり、テーマとなる課題の説明や講師の報告などが1時間から1時間半ほどあり、それから参加者との意見交換を始めるというのが、よくあるパターンです。

しかも、2時間半から3時間ほどで終えると決めている場合、意見交換の時間はおのずと限られます。また、課題に対しての知識や認識がバラバラのため質疑が網羅《もうら》的になりやすく、時にはテーマとかみあわなくても自分の意見を一方的に述べる人もいて、意見交換が思うように進まないケースも少なくありません。多くの場を主催したり参加してきたものの、「課題を共有する」「議論を深める」「解決の方向性を探る」と段階を踏んでステップ・アップするように展開させるのは、とても難しいと感じてきました。

ところが、ツイッターのフォロワーであれば、おおむね「課題を共有」しています。そして、「子育て・教育」というテーマであれば、どんな話を聞きたいか、何を語りたいのかをあらかじめ考えている方が多いように思います。そこで、従来、1時間から1時間半も費やしていた「課題の共有」のための時間はわずか10分もあれば済んでしまうのです。

今回は、4人から5人ほどのグループに分かれて座ってもらいました。冒頭に「自己紹介タイム」をとっただけで、それぞれのテーブルが盛り上がりはじめました。さらに、テーブルに座る人の組み合わせを変えて、多くの人たちが意見交換できるようにしました。こうして、参加者同士が問題意識をぶつけあい、課題を整理していきます。

親の立場や保育の現場から生の声を聞く

最後には、最初のテーブルに戻ってもらい、参加者がそれぞれ別のテーブルで話してきたことを持ち寄って、意見をとりまとめてもらいます。こうすることで、参加者全体の意見が織りなされ、ひとつながりの言葉となっていきます。まさに「熟議」と呼んでもいいかもしれません。

「待機児童を減らすために幼稚園を活用して、『預かり保育』を増やしたりはできないか」「働き方が多様化してきていて、短時間保育や週に何日かの限定保育など、制度とうまく合わないのが悩み」といったように、保育の多様化を望む声が続きました。

「学校が落ちつかなくなる背景には、所得格差が拡大していることがあると思う」「教える側の先生、保育士の質をどうしたらあげていけるのか」と、教育や保育の現場が抱えるリアルな問題も語られました。

たとえ断片的であれ、親の立場や保育の現場から生の声を聞くことは、私にとってはとても貴重です。

つき詰めて語り合っていくと、「子どもにとって自己承認や自己肯定がいかに大切か」「これからの時代に役に立つ学力とは何か」という教育論になだれこんでいきます。私自身が、自分自身の青年期に苦悩しながら格闘してきた点でもあり、世代を越えて熱く語り合う場をこれからもどんどん持ち続けていきたいと思います。

共に語りあうことは民主主義の土台です。

テーマを共有するさまざまな人が集うフォロワーミーティング（2013年7月）

少子化の底を打つ「世田谷モデル」づくり

２００９年から始まった日本での人口減少は、いよいよ本格化しています。総務省が２０１４年４月15日に発表した前年の人口減少は21万７０００人で、日本の生産年齢人口が32年ぶりに８０００万人を下回った、と報道されています。２０１１年以降、年間20万人台での減少が続いています。今後、人口減少はより顕著《けんちょ》になっていきます。

国立社会保障・人口問題研究所の推計によれば、２０１０年から２０２０年の東京オリンピック・パラリンピックまでの10年間で、なんと３９６万人減少する、とされています。横浜市の人口とほぼ同じ規模の人口が消えることになります。

東京都は、今のところ人口微増を維持していますが、２０２０年の１３３６万人をピークに減少に転じるとされています。

こうした全国的傾向に反するように、世田谷区の人口は増加しています。２０１１年４７００人、12年５４００人、13年６８００人と、３年間で１万６９００人の増加となりました。世田谷区の人口推計では、今後しばらくの間、ゆるやかに増加していくようです。

さらに、世田谷区の特色は5歳以下の乳幼児の子ども人口が増えているという点です。この5年間、5歳以下の子どもたちが毎年1000人ほど増えているのです。待機児童の解消のために保育園を整備して定員を拡大しても、なかなか追いつきません。その原因のひとつは乳幼児の子ども人口増です。しかも、第2子、第3子も多く、区内では「少子化社会」を実感することはあまりありません。日本中、ほとんど例のない「子ども増社会」が出現しているのです。合計特殊出生率も1・04と24年ぶりに1を回復しました。

子どもが増える世田谷区から新しいモデルを

「待機児童過去最多」（13年884人、14年1109人）を更新しているにもかかわらず、5歳以下の子どもが増えているというのは、妊娠から出産、そして乳幼児、未就学児の保育や幼児教育、地域コミュニティ、学校教育等を含めた総合的評価によるものではないかと思います。また、環状8号線の周辺と西側に集合住宅が増えていることも一因です。

「子育て支援策」に充てる予算と人員も増やしています。2014年度（平成26年度）の予算で、教育・保育・子育て支援は６００億円となり、一般会計予算２５００億円の23%、５年前と比べて26%増、10年前の87%増となっています。

子どもや乳幼児の増加傾向を定着させていく地域と社会システムを構築することで、少子化を反転させる「世田谷モデル」をつくりだし、時代の流れに一石を投じたいと、私は考えています。少子化は、労働市場の規制緩和によって格差が拡大し、若い世代が不安定な雇用の枠組みから抜け出せない構造になっていることも大きな原因です。

子ども・子育て支援は、若者支援と地続きの政策です。中高生の居場所や活動拠点を創り出していくことや、生きづらさを抱える若者支援の場や相談窓口も準備していきます。世田谷区内部の行政組織も、保育・子育て支援・児童館等を扱う「子ども部」から、若者支援を加えて「子ども・若者部」に名称変更しました。

地域でできることには限りがありますが、子ども・若者の未来の可能性は無限です。前に踏み出していく足場やチャンスを提供していきたいと思います。

出産前からママを支える「かかりつけ保健師」

梅雨入りと同時に数日間、激しい雨が降り続いていました。

中休みのように小雨に変わった、2014年6月の日曜日の午後、世田谷区内の古民家に子ども連れのお母さんたちが三々五々集まってきました。「ネウボラ・モデルを世田谷から」と題した、子育て支援システムについての勉強会に向かう人たちです。

ネウボラは、フィンランドで子どもを持つすべての家庭を対象とする切れ目のない子育て支援制度です。妊娠に気づいた時から出産、そして就学前まで、ひとつの窓口（ワンストップ）で同じ保健師が「かかりつけ専門職」として相談に乗り、必要に応じてほかの職種の支援にもつないでいきます。フィンランドの子育て家庭のほぼ100％がネウボラを利用しています。日本でもここ数年、にわかに注目を集めています。

ネウボラとはフィンランド語の「助言」（neuvo）が元になった言葉で「助言の場」（neuvola）という意味だそうです。

勉強会は子育て支援活動をするNPO法人「ここよみ」が主催し、ネウボラに詳しい高橋睦子《むつこ》さん（吉備国際大学教授）、フィンランドで現地取材した榊原智子《さかきばらのりこ》さん（読売新聞社会保障部）、母国フィンランドと日本で子育てをしてきた坂根シルックさん、在日フィンランド大使館の堀内都喜子さんらがゲストとして招かれました。

まず、世田谷区内の子育てひろばを利用しているゼロ歳児のママたちが、子育て現場からの声を聞かせてくれました。

「出産後1カ月で実家の母が帰ってしまい、育児の仕方もわからずに気が張りつめていました。ちょっとした相談をしたくても、なかなか接点がなく、誰かと話したいと思っていました」（Aさん）

「双子を産んだけど、双子の育児についての情報が本当に少なかった。生後1カ月で『産後ケアセンター』を利用しました。初めて肩の力が抜けた5日間でした。『赤ちゃん訪問』の助産師さんに子育てひろばを紹介されて、初めて来た時にベビーカーから降ろすと

ころから手伝ってもらえたのがうれしかった」（Bさん）
「第2子が生まれて、第1子の時に遠慮して利用しなかった『産後ケアセンター』に申し込みました。1泊だけでしたが、『ゆっくりお母さんになってください』と声をかけてもらって、やっとほっとできたと思います。お母さん同士の交流もできてよかった」（Cさん）

母子相談「赤ちゃん訪問」と産後ケアセンター

世田谷区では、生後4カ月までの赤ちゃんのいる全ての家庭を助産師・保健師が訪問し、母子の健康・育児に関する相談や子育て情報の提供を行う「赤ちゃん訪問」を実施しています。

また、話の中に出てきた産後ケアセンター（世田谷区桜新町）は、2008年に全国に先駆けて開設された施設です。産後の健康不安や、体調不良がある時に母子でショートステイ、デイケアのサービスを受けることができ、利用率が高いのが特徴です。出産後の母子を対象とした本格的な施設で、全国の自治体からの視察など大きな反響を呼びましたが、その後は広がっていません。国や都道府県から設立・運営にあたっての十分な補助金・助成が行われていないからです。

勉強会では高橋睦子さんが、日本の子育て状況にひきよせて話してくれました。セーブ・ザ・チルドレンによる調査「お母さんにやさしい国 2014」で、世界1位はフィンランドでした。日本は32位にとどまり、ここ数年ランクがひとつずつ下がっています。

フィンランドでは、「ネウボラおばさん」と呼ばれる保健師は、子どもや母親、父親、家族全員のことを出産前からよく知っています。定期的に対話を重ねて、他の専門職の支援が必要だと判断すると、他の機関へもつないでくれます。

読売新聞の榊原智子さんは、出産して半年間の育休を取った時に辛い時期があったといいます。「どうしてもネウボラを見たくて現地を訪れて、記事にして日本に紹介すると大きな反響がありました」。坂根シルックさんは、日本で第1子を生み、フィンランドで第2子を生んでネウボラの支援を受けた体験を語り、フィンランドで親たちが受け取るユニークな「育児パッケージ」を紹介してくれました。

この日のハイライトは、フィンランド大使館から1セットの「育児パッケージ」が日本で初めて公開されたことです。素敵なデザインのダンボール箱には、赤ちゃんのよだれか

フィンランドの「育児パッケージ」（写真　NPO 法人ここよみ）

け、布オムツ、肌着から服、防寒着など実用的なアイテムが詰め込まれていました。ＫＥＬＡ（フィンランド社会保険庁事務所）が毎年、出産前の４万世帯に配布している「祝福の箱」だそうです。母親手当として現金１４０ユーロ（約２万円）か「育児パッケージ」を選ぶことができますが、ほとんどの人が「育児パッケージ」を選んでいるそうです。

子育てを私事として突き放すのではなく、社会と地域が協同で支えるものとして制度を築き上げてきた、フィンランドに学ぶ点は多いと思います。

不安に晒《さら》され、ひとりで悩みを抱え込んでいる母親たちを「ひとつながり」に支えるために何をしたらいいか、共に考えていきたいと思います。

3章
子どもの声を聞くことから出発する

世田谷区子どもの人権擁護機関「せたホッと」のマスコットキャラクター「なちゅ」

「愛のムチ」という名の「暴力」

2012年12月、大阪市立桜宮高校の生徒が自殺したことに関連して「体罰」がクローズアップされ、入試中止か否かの問題に発展しました。それ以降、学校やスポーツ指導の場で「体罰」が無造作に行われてきたことが次々と露見し、社会問題となりました。

ただ、メディアに連なった「『体罰』否定」の大合唱を聞いていて、何とも言えない違和感を覚えるのです。

つい、この間まで「教師が生徒を指導する時に、殴って何が悪い」「心で泣きながら生徒を平手打ちすることまで否定されるべきではない」と語ってきた人たちはいなかったでしょうか。言葉にしなくても、そうした考えは学校関係者やスポーツ指導者の間にも根強く残っているように思うのです。

体罰を訴える子どもたちや保護者の「誤った人権意識」を「戦後教育の病理」とする指摘もあちこちで耳にしました。厳しく指導する覚悟が教師にないと知れば、子どもたちは最初からなめてかかる、とも。

1980年代から90年代前半にかけて、「いじめ」や「体罰」の問題が社会的に話題になるたびに、「体罰肯定論」はどこでも聞かれる議論でした。私が教育ジャーナリストとしてシンポジウムやテレビの討論番組に出席すると、このような主張をよく聞かされたものです。

今は一時的に声を潜《ひそ》めているかもしれませんが、体罰容認の風潮が社会に深く根を降ろしていることを見失ってはいけないと思います。もう少し時間がたてば、「体罰は愛の鞭《むち》」論者が堂々と再び登場しても不思議ではありません。

多くの場合、教師やスポーツ指導者による「体罰」に対して生徒は無抵抗です。残念ながら、日常的に「体罰」をふるうようになると、人間の感覚は麻痺します。平手打ちが拳《げん》骨《こつ》になり、拳骨から蹴《け》りへとエスカレートするでしょう。

理由がある暴力は「体罰」、理由のない暴力は単なる「暴力」という考え方は間違いです。理由があれば、教師は指導の手段として暴力を行使していいということになりかねません。「熱心な愛情の表現」として美化されれば、教師やスポーツ指導者にためらいがなくなり、暴力に歯止めがきかなくなります。

「理由なき暴力」の影に体罰の横行

30年ほど前、ツッパリたちが暴れて学校のガラスを破損したり、教師に暴力をふるったりする「校内暴力」が話題になりました。私は「荒れた学校」で「問題児」たちに話を聞きました。マスコミでは「理由なき暴力」と語られていた裏に意外な背景がありました。この時、彼らが口々に言ったのは、部活動などで受けてきた「先生の暴力」についてでした。暴力は連鎖するのです。

どんな理屈を並べたところで、生徒が大けがをしたり、死亡したり、あるいは精神的に追い詰められて自ら死を選んだりすることになれば、これを正当化する論理はありません。命は二度と戻ってきません。死は取り返すことのできない犠牲です。

2000年に児童虐待防止法が成立します。この法律は、私が国会議員だったころに超党派の議員立法として成立させました。当初、与党の大物議員の間からは、同意する条件として「親の正当な懲戒権を妨げてはならない」という文言を入れるように求められました。最終的にはあきらめて、取り下げてもらいましたが、「しつけ」と「虐待」をめぐって「体罰」と「暴行」の構図に似た議論があったのです。

つまり、親が子どもを殴るのも「しつけ」の範囲として認め、これを逸脱した行為を「虐待」として区別せよという議論です。実際に境界線を引くことはできません。「熱心な指導」のための暴力やしごきは認められ、限度を超すものだけは認めないという類《たぐい》の議論と重なります。法制定から時間が経過し、児童虐待防止は社会に定着し始めているように思います。

２０１３年夏、世田谷区では「子どもの人権擁護のための第三者機関」をスタートさせました。子どもが「いじめ」や「体罰」、「犯罪」すれすれの事態など、身体・生命の危機に直面した時、子どもの人権を最優先に行動する第三者機関が必要だと考えるためです。寄せられた情報をもとに必要だと判断した場合には、実情把握と調査のために動きます。さらに現場に是正のための意見を届けたり改善を求めたりすることもします。「体罰禁止」「いじめ撲滅」のスローガンでは子どもを守れない。そう感じて、動き始めています。

心が熱くなる中・高校生との意見交換

20代前半から30代にかけての私は、中・高校生の話を聞く時間のほうが大人と話す時間をはるかに上まわっていました。悩み多き中・高校生や若者たちと話すことは日常そのものでした。

雑誌に連載を始めてまもなく、教師による体罰で重傷を負った少女について、「もし先生に涙があったら」という記事を書きました。それが読者アンケートでいきなり上位に入り、反響の手紙も１００通を超え、『先生、涙をください！』（集英社・１９８３年）という本にもなりました。読者の中・高校生たちが次々と私の事務所を訪ねてきていたのです。

政治家に転じた１９９６年からは、永田町を動かす、老境に近い政治家たちと話をすることが多くなりましたが、２０１１年に世田谷区長になり、ふたたび中・高校生や若者の声を聞く機会が増えてきました。

そして、世田谷区の将来ビジョンを語りあう「中・高校生との意見交換会」（2013年3月）を開きました。実は前年にも、中・高校生との意見交換会を開いているのですが、約2時間のやりとりを終えて、「もっと区長自身の言葉が聞きたかった」「時間が短すぎた」との声が出たため、2回目の開催でした。以前から自発的に集まり活動していた「ユースミーティング世田谷」というグループの中・高校生たちが4チームに分かれて、「区長への企画提案・プレゼンテーション」を発表してくれました。

最初のチームは、「公園と緑の充実を――自分たちが動くことで」というテーマ。「大人に『公園』づくりをまかせるのではなくて、自分たちがデザインできないか。中・高校生が思い切り遊べる公園が少ないので、花火やボール遊びができる公園にしたい。また、地域の清掃活動に参加して、ただ楽しむだけではないことをアピールしたい」

次のチームは、「中・高校生のための理想の施設」。地域の廃校舎を活用し、自分たちで運営するというアイデアです。

1階の「ちびっ子フロア」は保育園・児童館で、中・高校生がボランティアできる。2階は図書室とお昼寝室。さらに宿泊部屋、キッチン、フリースペース、美術室や防音設備のある音楽室など。3階は学年ごとの自習室をつくり、気軽に教えあうことができるようにする。また、サークル活動をはじめ、スポーツや演劇の発表の場にもなる。

運営の責任者である「総理大臣」(と呼ぶとカッコいいというアイデアです)をトップに、他の団体との交流や広報を受け持つ「外務大臣」、自習室の参考書を集める「文部科学大臣」、ルールを決める「法務大臣」、予算案をつくる「財務大臣」、サークルなどの活動を管轄《かんかつ》する「サークル大臣」、そして、駐輪場の管理をする「二輪大臣」を設けるというのです。なかなかのネーミングです。

「このメリットは責任感をもち、達成感を得られること。小学生だけでなく、中・高校生世代からも憧れられる。『総理やってます』と言えたら、なんか、すごい」(参加者の高校生)

三つ目のチームは「中・高校生が主体となって行事・お祭りを企画したい」。希望者がブースを出し、ステージでは中・高校生のバンドライブやダンスをするほか、「肝試《きも》しコンテスト」などを開く。中・高校生が企画を進めることで活動の場が広がり交流が深まる、というのです。

「区長との意見交換を制度化する」という提案

そして、最後のチームからは「区長との意見交換会を制度化する」と提案がありました。「ＹＰＣ（ユース・パブリック・コメント＝若者意見提出制度）」という名称で、中・高校生が定期的に区長に意見を伝え、フィードバックを受ける。

たとえば、総合的学習のカリキュラムに「自分の住んでいる町について考える授業」を加えて、まちづくりに関心のある若者を増やす、といった意見を生徒会に託す。そうした声を各校の生徒会がまとめ、代表者たちでつくるＹＰＣサミットに諮《はか》り、区長に要望を出して回答をもらう。この制度を確立できれば、中・高校生でも常に区長と意見交換ができるようになる、というのです。

こうした新鮮な発想にふれて、私はこうコメントしました。

「すべてを実現することは難しいけれど、できることから始めることは大いに可能だと思うよ。すぐに動かなかったからといってあきらめないで、今日のみんなの提案は受けとめたので、少しでも実現していくようにさらにアイデアを積み上げていってほしい」

桜の咲く日曜日の午後に集まったのは、普段から話し合いをしたり、自分の意見を言う機会に恵まれたりしている中・高校生でした。彼らがポジティブな提案をしてくれたことに心が熱くなりました。未来を担う若者たちとの共同作業を始めるきっかけができたように思います。

久しぶりに中・高校生と長時間、話してみて時代の流れを感じました。物おじすることなく発言し、実現するかどうかは度外視して夢を語り、新システムを描く。今の大人の多くが失いかけている感性と意欲に富んだアイデアを受けて、若い世代の可能性を感じました。チャンスがあれば生かそうとする若者たちの感性に触れて、なんだかプレゼンを受けた私の方も元気になりました。

子どもの、子どもによる、子どものための空間

京王線千歳烏山《ちとせからすやま》駅の南口、ホームに面していた金融機関（昭和信用金庫旧烏山支店）の移転後の建物に2013年6月、「中・高校生世代応援スペース」ができました。しばらくは名前がありませんでしたが、何人かの中・高校生が語り合って命名し、名前は「オルパ」となりました。広場を意味するアラビア語の「ムルパ」の発音が「オルパ」と聞こえたことから名づけたのだそうです。オープン以来、中・高生が続々と集まってきましたが、当初から9カ月という期間限定での試みだったため、残念ながら2014年2月いっぱいでクローズせざるをえませんでした。

建物は鉄筋コンクリート2階建てで、延べ床面積は360平方メートル。1階はオープンスペースになっていて、おしゃべりしている女の子や、ゲームや卓球をやっている男の子たち。さらには、教科書とノートを広げて宿題をやっている子もいました。

2階にある元支店長応接室は自習室として、けっこうな人気だったそうです。銀行だか

ら金庫もあります。元金庫は、音の出せるバンド練習室になり、広い部屋の壁にフィルムミラーをはりつけてダンス練習場もできました。

中・高校生の登録1000人。利用者6500人

利用者として登録した中・高校生は約1000人。延べ利用者は6500人にのぼりました。特徴は、このスペースを利用する中・高校生たちが話し合いを重ねて、ルールをつくり、企画を立てて実現したことにあります。私は千歳烏山駅の近くに出向くたび、たびたび顔を出しました。女子高生たちに取り囲まれて、

「あっ、区長。この場所をやめないでください」

「私たちが、お金を使わずにこんなに楽しく過ごせる場所はないんです」

と言われたこともありました。

「最初から2014年2月まで、という約束でスタートしているから延長できないんだけど、中・高校生の活動の場はこれからつくっていくから」

私はそう応じましたが、彼女たちの日常の中でオルパという場がいかに大きな価値をも

中・高校生世代応援スペース「オルパ」

っているかが伝わってきました。

さらに、先にふれたようにオルパでの実証実験は子どもたち自身の発案によるものだったのです。「区長、未来の区の担い手となる中・高校生と話してみませんか？」という職員の提案から、二度にわたり中・高校生たちとの話しあいが実現しました。

２０１３年、世田谷区野毛にあった「青年の家」に集まった中・高校生たちは、話し合いの上に次々と企画を出してきました。この中に地域の廃校舎を活用して、自分たちで運営する「中・高校生のための理想の施設」というアイデアが出されました。これに他の提案もミックスして、元金融機関

子どもの子どもによる子どものための空間

の建物を９カ月間、「中・高校生世代応援スペース」にする、という話が具体的に進んでいったのです。未来の担い手たちと、10年後、20年後の「まちづくり」を語ろうと考えた私も驚くスピードでした。
その後、世田谷区の若者支援担当課では、野毛で一部休止中の「青年の家」を改装して２０１４年5月にリニューアルオープンし、従来から活発に利用されてきた池之上青少年会館も「青少年交流センター」として中・高校生の活動拠点にしました。また、区内に25カ所ある児童館に、中・高校生の活動場所となる「中・高校生支援館」をいくつかつくっていく予定です。

タイガーマスクが照らした「出口」

２０１３年9月22日、世田谷区内にある児童養護施設「福音寮」で、「夢をかなえる力」と題したシンポジウム（東京青年会議所世田谷区委員会主催）がありました。１５０人を超える聴衆で埋まった会場で、私は次のように語りかけました。

２０１１年3月11日午後2時46分、みなさんは何をしていましたか――。

私は児童養護施設を出た20代の女性への何度目かになるインタビューをしていました。親の虐待にあい、施設を転々とした日々について聞き終えてパソコンを閉じ、雑談をしていました。あまりに壮絶で胸が痛む体験談でした。

カタカタカタという小さな音から始まって、まもなく床が滑るように動き、ベランダから見える屋根の瓦《かわら》がパチンパチンとはじけて、飛び跳ねるのが見えました。突然の揺《ゆ》れに、台の上に置かれて前後に揺れていたテレビを思わず押さえていました。

もし、あの東日本大震災がなければ、私はこの時のインタビューも含めて、児童養護施設を巣立った若者たちの実情について、何回かのシリーズでレポートを書く予定でした。

「タイガーマスク現象」という言葉を覚えているでしょうか。２０１０年の暮れ、タイガーマスクの主人公の「伊達直人《だてなおと》」という名前で児童養護施設の玄関にランドセルが届けられたことが話題になりました。その後、一種の社会現象となり「伊達直人」や「矢吹丈《やぶきじょう》（ジョー）」といった名前で全国各地の児童養護施設へのプレゼントが続いたのです。

こうして、児童養護施設に社会的な注目が集まったものの、プレゼントがランドセルであったことに象徴されるように、関心はまだ「学校生活の入口」にとどまっていました。

児童養護施設を出た若者たちのために

児童養護施設の子どもは、原則18歳の高校卒業時に退所することになっています。そのまま社会の荒海に乗り出していく以外にありません。調べてみると、施設を出る若者たちに手渡されるのは、就職・大学進学時の支度費として、わずか7万7000円でした。ランドセルがふたつ分でしょうか。さらに、両親からの援助を見込むことのできない若者には、特別基準額13万7510円が加算された21万4510円。それが当時の最大の支援額でした。現在はそれぞれの支給額が引き上げられ、最大で26万8510円（2014年4月現在）となっています。

私は「施設からの出口」に対しての支援を強める必要があると感じていました。つまり、児童養護施設を出た後の18歳以上の若者に、生活や勉学の支えとなる支援制度や場づくりについての取り組みです。

衆議院議員時代、私は「子ども族」議員を自認していました。小渕恵三元首相が急逝した2000年には、各党のプランを総合した上で調整を進め、取りまとめ、児童虐待防止法を成立させました。それ以来、児童虐待の通報件数は急増し、児童養護施設での虐待も少しずつ明らかにされるようになりました。

私はその後も、超党派の立法チームの一員として、この法律の見直しに2度関わることで、虐待の暴力から子どもたちを救い、重大な結果を未然に防ぐことができる社会に向かいつつある、と考えていました。正直にいえば、「いい仕事をした」と思っていたのです。

ところが、それは全体を見渡していない早計《そうけい》な思い込みでした。児童虐待防止法ができた数年後、私はある地方の山間部にある児童養護施設を訪れて、大きな衝撃を受けることになります。その時のことをかつて、私はこのように書きました。

100人を超える子どもたちの暮らす施設は老朽化していて、小学生は畳敷きの大部屋に枕を並べていた。山間部なのに、窓には虫を遮《さえぎ》る網戸もない。机の数を数えてみると、子どもたちの数よりも少ない。職員によれば、「3人でひとつの机を使っています」とのことだった。高校生の暮らす部屋は真新しかったが3畳と狭く、その部屋は「定員は2人です」という。

思わず、「えっ」と声が出た。3畳に2人が布団をふたつ敷いて寝起きしていた。部屋の中央には、最近見なくなった円形の卓袱台《ちゃぶだい》が置いてあった。勉強するには自室ではなく「学習室」を使っているという。

ふと気になって、大学に進学する子どもはいるのかと聞いてみた。すると職員は、「ここでは『大学進学』の話題には触れないようにしています」という。この施設では戦後、一人も大学に進学した子どもはいなかった。

「施設を出る時に、入寮して働ける職場を探すのに一苦労です。せめて運転免許を持たせてあげたいのですが……」（職員）（「週刊朝日」2011年2月11月号）

親が養育できない子を、社会が育てられない日本社会

私は、児童虐待から子どもたちを救出することに目を奪われて、児童養護施設を出た子どもたちに、どんな進路の選択可能性があるのかを考えてこなかったことに、強いショックを受けました。

親が養育できない時に「大丈夫、社会が君を育てるから」と引き受けるのが、社会的養護の仕組みだったはずなのに、子どもたちが育つ施設によっては大学進学という選択肢は初めからない、というのです。

東日本大震災の直前まで、私は「タイガーマスク現象」を契機にこの事実を訴え、制度改革につなげる仕事をしたいと考えていたのでした。

そして今、世田谷区長として仕事を続けています。

区内には、福音寮と東京育成園というふたつの児童養護施設があり、大学や専門学校への進学者は少なくありません。私が衝撃を受けた地方の施設に比べると、これらの施設は建物や環境も立派で、進路情報や奨学金なども整っています。

現在、困難な状況下にある子どもや若者に光をあてて、学習支援・就職支援等にも力を入れようとしています。また、東京都と23区の間では「児童相談所の都から区への移管」を進めようと協議しています。

シンポジウムの会場では、福音寮で暮らす中・高校生が前の方に座っていました。彼らのまっすぐなまなざしを受けて、震災直前まで実現しようとしていた「児童養護施設」からの出口、つまり進路選択について少しでも前進させていく課題は、今、目の前にあると感じました。

子どもの尊厳を守るため、大人にできること

子どもたちが追い詰められて途方に暮れた時、私たちの社会は何を提供できているだろうか。私が20年前、1990年代の半ばに「いじめ問題」の取材で訪れたロンドンで知ったのが「チャイルドライン」でした。

1980年代にイギリスのBBCの特別番組として、悩んでいる子どもたちの声を電話で受け付けたところ、あまりにも大きな反響があったために常設化されたものです。イギリスの子どもたちのほとんどが、フリーダイヤルのナンバーをそらんじていました。

帰国した私は、世田谷区で教育問題に取り組む仲間にこの活動を知らせました。国会議員となってからは、チャイルドラインを日本に設立する超党派の議員連盟をつくりました。チャイルドラインの実験は1998年、世田谷で始まり全国に広がりました。

その世田谷で区長選に立候補する時、選挙で掲げた公約にはこう書きました。

〈国会で児童虐待防止法を提案し、いじめの被害を放置しないチャイルドラインをつくった経験を生かして、保育の充実、子どもの生命を守ります。そのために、子どもオンブズマンを導入します〉

区長に就任してまもなく、電話だけでなく、子どもが直接駆け込むことのできる「子どもの人権擁護機関」を設立する準備を進めてきました。準備のための議論をへて、世田谷区子どもの人権擁護機関の機能は次のように定義されています。

〈子どもの立場で、子どもに寄り添い問題の解決をめざす第三者機関として、子ども自身の人権侵害に関する相談を受けて、助言や支援を行います。また、個別救済の申し立てによって、関係機関に調査・調整を行い、問題の解決をはかります」として、「いじめ」や「暴力」「脅迫」等、子どもが直面する身体や生命の危機に迅速《じんそく》に対応できるようにします。

まずは、子ども（または保護者）の話を聞き、必要な助言と支援を与えるとともに、問題によっては、学校等の関係機関の現場に出向き、調査と調整を行います。そして、是正が必要な場合には「要請」「意見」等を出して改善を求め、公表します。また、相談者である子どもの問題が解決した後も見守り続けます。区立学校、幼稚園、保育園、児童館等は調査や調整に協力する義務を負います〉

また私立学校や民間施設等については、その努力義務をうたっています。第三者機関としては他にあまり例のないケースですが、区長部局と教育委員会がともに所管する共管としました。双方が責任をもって運営するという考え方です。

愛称「せたホッと」とキャラクターは子どもの作品

以上の役割を3人の委員と4人の専門調査員、さらに事務局員4人で担うことになります。小田急線・経堂駅近くの「子ども・子育て総合センター」に設置しました。

2013年7月、愛称「せたホッと」（せたがやホッと子どもサポート）が活動を始めました。正式名称は「世田谷区子どもの人権擁護機関」ですが、あまりにも馴染《なじ》みにくいので、子どもたちから名称・愛称を公募して決めました。また、「せたホッと」のキャラクターも公募の末、「なちゅ」に決まりました。小学6年生の作品です。（写真3章扉71頁）

2013年7月から2014年3月までの相談者は、子ども67人と大人69人をあわせて136人でした。延べ相談人数では756人。そのうち子どもからの相談の割合が約54％と、ほかの相談機関に比べて高いことが特色です。相談内容で多かったのは「いじめ」（28人）、「対人関係」（24人）、「学校・教職員の対応」（20人）でした。

子どもの立場から「子どもの最善の利益」（国連・子どもの権利条約）を実現する第三者機関を設けることによって、繰り返し起きている「いじめ」をめぐる子どもの悲劇を回避する防波堤の役割を担いたい、と考えています。

「いじめ」「暴力」の被害から逃れて身体と生命を守ることが最優先ですが、子どもたち自身をとりまく環境を大きく転換することがさらに重要です。そうした問題意識のもと、2014年5月に、オランダの教育現場や子どもの置かれた環境を教育委員会の視察に同行して、ひとりひとりの尊厳と成長が保障される教育のあり方を考えました。

2014年オランダからの報告

「世界一子どもが幸福な国」の教育

このごろ、政治の場で「教育」が語られることが多くなりました。残念ながら、ほとんどの議論は、大人の側から見た「理念的な教育論」に終始しているように感じます。子どもが成長・発達していく教育の場を、教育方法やシステムを変えることでどのようによくしていくのか。そんな「実践的な教育像」を議論することが重要ではないかと思います。

5月上旬、私は、「子どもの幸福度世界一」（2007年、2013年／ユニセフ調査）とされるオランダの教育事情を視察してきました。

オランダ・ハーグ市にある小学校では、児童の多くが移民の子どもたちでした。なかには、つい最近、親に連れられて来たという子どももいます。出身は数十カ国に及ぶだけに、「みんな一緒」ではなく、「みんな違ってる」ことを前提としています。

子どもたちひとりひとりの違いをそれぞれ伸ばしていく教育は、どのように行われているのでしょうか。

象徴的なのが特別支援教育です。

オランダには「習熟度モニター制度」があり、小学校では、ひとりひとりの子どもについて学習段階や習熟度を客観的なデータとして把握しています。たとえば、国語なら「読解力」「単語の把握」「スペル」などの要素に分けて評価し、平均的な進度に比べて学習の遅れが見られる子どもに対してオーダーメイドの支援を行います。

担当するのは、個別データを見ながら支援プログラムをつくるＩＢ教員（特別支援教育支援員）です。障がいのある子どもたちへの理解度が高く、教育スキルを持つベテラン教員が担当します。

ＩＢ教員は常に「習熟度モニター」のデータをチェックし、ひとりひとりの学習状況に応じて支援します。児童と親に対しても定期的に面談をして、個別の記録というエビデンス（証拠）を示した上で、プログラムを提供します。根拠となるデータを示されることで、

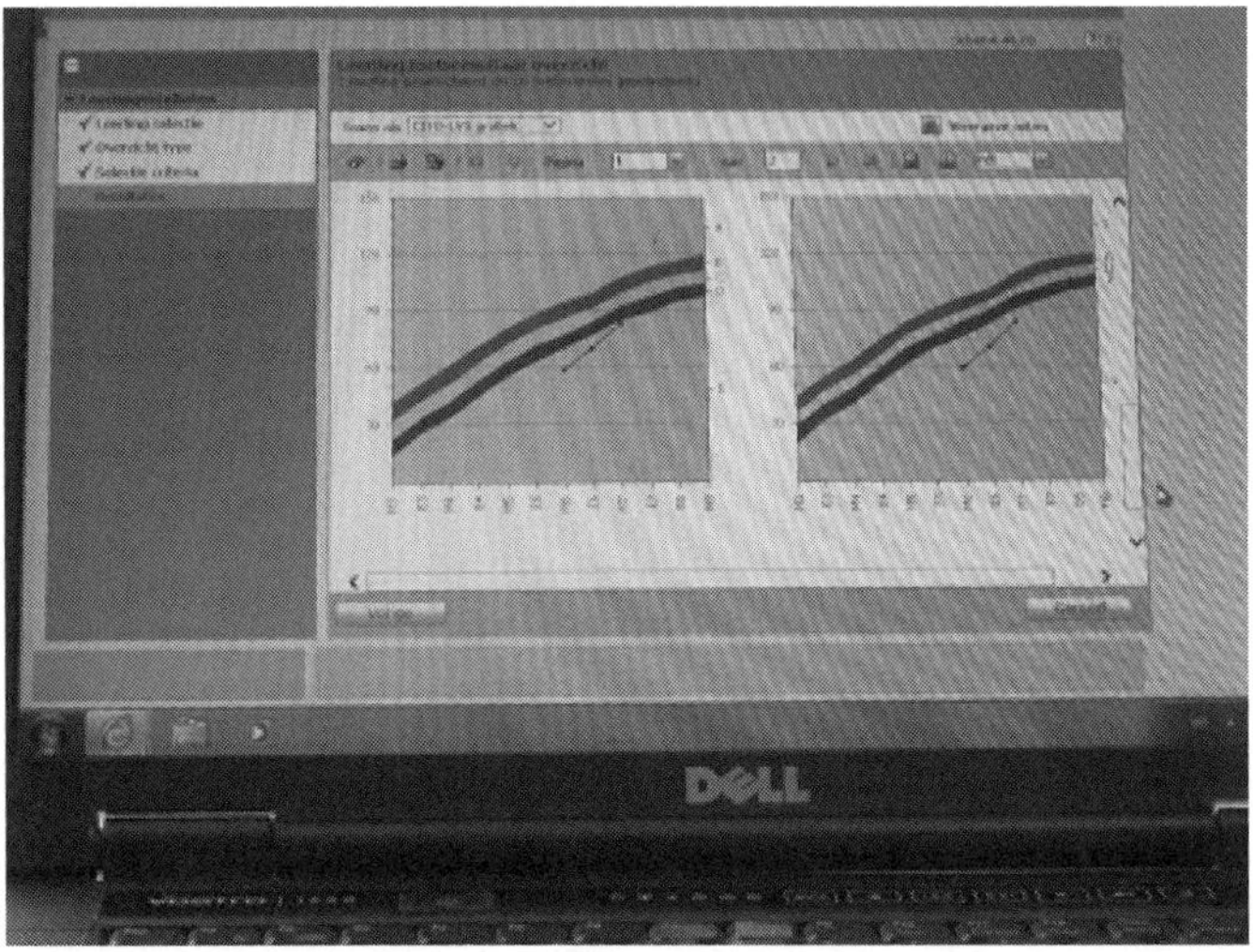
学習段階のオーダーメイド支援、「習熟度モニター制度」

子ども自身が自分の課題を知り、また適切な目標に向かって学習計画を立てることができるわけです。

多様な宗教や文化、背景を持つ子どもたちを親も含めて教育プロセスに乗せていくためには、合理的な根拠を示すことが重要なのです。

オランダの特別支援教育は「進みすぎている子」も対象に

特別支援教育の対象となる子どもたちは、ふだんはクラスの中にいて授業を受けながら、個別指導や少人数指導の時間になると、特別支援教育の部屋に出向いて個別のプログラムに取り組んでいます。

じつは、オランダでの特別支援教育は、進度が「遅れている子」のみならず、「進みすぎている子」も対象にしているというのもユニークです。繰り返しになりますが、あくまで「みんな違う」という前提のもとに教育が行われている点が印象的でした。

ところで、教育問題を語る時、日本では「教員の力量」に注目してきた部分が大きいのではないでしょうか。テレビドラマで繰り返し演じられた「先生像」も、熱血漢だったり、人情味あふれていたり、冷たそうに見えて温かかったり、「キャラが立つ先生」を中心にしたものが多かったように感じます。

家庭内で困難なバックグラウンドを抱えている子どもたちが起こすトラブルを、ベテラン先生が「勘とコツ」で乗り越えていくという話は、その先生が退職した途端に途切れて解決策がなくなってしまいます。

オランダの学校が「教員の力量」を求めて

いないわけではありません。ただし、経験に裏打ちされた教育スキルや指導方法を学校全体で共有し、平準化していく組織であろうとしていることが特色だと感じました。

オランダでは、クラス担任のある先生が週3日出勤し、別の先生が残る2日出勤するという例は珍しくありません。「個人の力量」だけでなく「チームの力量」が問われ、ワークシェアが広がるがゆえに、生みだされたシステムではないでしょうか。生徒の学習進度を感覚的に把握するのではなく、習熟度モニターというデータで記録していることも、このようなシステムを可能にする一因だと思います。

オランダのすべての学校は、4年ごとに「学校改善計画」と、保護者に公開する「学校要覧」を政府に提出する義務を負っています。

オランダの教育文化科学省にある教育監督局という組織が、それをチェックして、教育内容が国の法や基準に合致しているのか、ひとりひとりの子どもの成長・発達を保障するものになっているのかを確かめているのです。

学校の中には、入学者が減り児童・生徒が離れていくところもあります。国の定める学習到達度に達しないため、学校としての「力量不足」と見なされてしまうのです。3年続けて、児童・生徒が減少すると、教育監督局が指導に乗り出します。

警告を与えるだけではなく、特別補助金を出して改善を求めるのです。傘下にある教育サポートセンターに所属する、経験あるベテラン教員や大学で教育学を学んだ学校支援のプロフェッショナルを学校に派遣し、問題を解決する方策についてアドバイスします。それによって改善されれば、児童・生徒数の減少が止まるというシステムです。

また、学校サポートセンターは、目標達成が困難な学校を支援するだけではなくて、日常的な教員研修の実施や、新しい教材やメソッドを効果的に活用するための支援などにもあたります。

さらに、学校には、委員の構成比が教員50％と親50％でつくる「経営参加委員会（MR）」の設置が法律で義務付けられています。学校運営方針に対する勧告などを行い、教員の採用や罷免《ひめん》という強い権能も持っています。

ひとりひとりの学力、能力を高めようとするオランダの教育

このように、オランダでの教育は、同じ学校教育でも日本とは細部まで相当に異なっています。

大雑把に言えば、子どもは多様であり、個別に指導することでひとりひとりの学力・能力を高めようとの原則のもとに、「学習到達度」という客観的なデータに基づいて生徒の学力を教員間で共有していることが特徴でしょう。学校運営についても、私立学校を含めて公的な施策の対象として、予算を充てるだけでなく、学校運営のサポートもしているのです。

このように多様性を前提にした教育システムが生まれた背景には、歴史的な国の成り立ちが関係していることを知らされました。

国土の4分の1が海抜ゼロメートル以下というオランダでは、途方もない労力をかけて

干拓し、水を海へと排出しながら縦横無尽に水路を張りめぐらせてきました。そのため、道路地図だけでなく、水路地図もつくられているというお国柄です。

交錯する水路の高低差を緻密に計算して水門をコントロールして、破綻《はたん》のないように相互のチェックをかけながら見守るシステムがあります。その神髄が教育制度にも生かされていると感じました。

「受験なき教育」3学年が一緒に学ぶ

オランダには、大学入試がありません。そのため、塾も受験産業もほとんど見かけません。学校で必要な単位を取り、全国共通試験に合格して中等教育の卒業証書を取ることで大学入学資格を得ることができます。日本の教育と比べると、あまりの違いに愕然《がくぜん》とします。

そうした教育システムの源流を探ると、ある理念に行き当たります。それは、「教育の自由」というものです。

オランダでは、フランスのナポレオン支配下だった19世紀、宗教的に中立の公立学校には国が教育費を出すという学校制度が生まれ、公教育が確立されたといいます。それは、ナポレオンが去ってオランダ王国になってからも残りました。

その後、プロテスタントやカトリックの教会が運営していた私立学校にも「公立校と同じように政府の補助金を出すべきだ」という声があがりました。「学校闘争」と呼ばれる90年間にもわたる闘いの末、１９１７年に世界でも稀《まれ》な「教育の自由」が確立したのです。

異年齢教育を実践する「イエナプラン教育」、小学校での朝のミーティング

「教育の自由」とは、「教育理念の自由」「学校設立の自由」「教育方法の自由」という三つの自由から成り立っています。

宗教にかかわらず教育理念にもとづいて学校教育を行う自由が認められたことで、学校で宗教教育もできるようになりました。宗教団体や市民の協会が母体となり、保護者など200人以上の署名が集まれば、学校を設立することもできました。こうして、カトリック、プロテスタント、自由主義派、イスラム、ヒンドゥー教などの学校が次々と生まれていったのです。

オランダの学校には今、イスラム圏の子どもたちが多く通っています。公立学校でも私立学校でも、女の子がブルカ（ヴェールの一種）をかぶることがフランスのように問題にならないのは、こうした歴史的経緯があるからでしょう。

1960年代になると、宗教だけでなく、より特色ある学校をつくろうという動きが高まりました。モンテッソーリ、ダルトン、イエナプラン、フレネ、シュタイナーなど、オルタナティブ教育をする学校が少なくありません。

こうして、「教育の自由」によって多様な教育プログラムをもつ学校が生まれたのです。

子どもたちにはそれぞれの教材 個別教育のイエナプラン教育

私は、オランダの教育の中でも特にユニークな「異年齢教育」を行う「イエナプラン」教育に興味をひかれました。

イエナプランとは、1920年代にドイツの教育哲学者ペーター・ペーターセンがイエナ大学の教育実験校で提唱した教育方法です。同一年齢の生徒を集めた学年制を廃止し、異年齢集団の子どもたちがグループをつくり、そこで年齢や学習進度も違う子どもたちが互いに助け合い学ぶことによって、多様性を受け入れる共同体として学校を運営しようというものでした。

ナチス政権の登場により抑制されたことと、戦後はイエナ大学が東ドイツに位置したこともあり、この取り組みはドイツでは継続されませんでした。代わりに、その特色に注目して取り入れたのはオランダでした。60年代からイエナプランによる学校が設立されていき、オランダの「教育の自由」のもとに現在では220校に広がっています。

そのひとつ、ハーグ市郊外、ウーフストヘーストの閑静な住宅街にあるデ・クリング小学校を訪れました。鮮やかな緑の木々に囲まれ、カトリック教会に隣接し、趣《おもむき》のある校舎が建っています。ロナウド・デウス校長が迎えてくれました。

「異年齢の子どもたちが一緒に勉強している姿を見ていただきます。オランダでは学校がどのような教育方法を選ぶかは自由なのです。ここでは8年間かけて、学習目標を達成していきます」

低学年のクラスでは、4・5・6歳の3学年の子どもたちでクラスを編成します。中学年は7・8・9歳、高学年は10・11・12歳が集まります。イエナプランではクラスを「学びと生活の場」として位置づけ、教室ではなく「リビングルーム」（ヴォーン・カマー）と呼んでいます。

最初に入った低学年クラスでは、サークル状に子どもたちが輪をつくって、ミーティングをしていました。これは、クラスの一体性と協同性を養うためのものだといいます。

続いて見た中学年のクラスでも子どもたちは年齢に応じて、また同年齢でも異なる教材を使って課題に取り組んでいました。また自分たちで「学習プログラム」を作成して、そのプログラムに沿って勉強しているそうです。

「たったひとつの教材を使わせることは、オランダの教育ではありえません。子どもたちはそれぞれ自分にあった教材を机の中に入れています。みんな同じ教材で教えようとすると、子どもたちの学びの動機づけが低下してしまうのです」（ルネ・ファンデルフェルデ分校長）

高学年の教室では、自分の課題に即して「調べ学習」をしていました。クラスのリビングルームの他に、廊下をはさんで小部屋があり、何台かのコンピューターが配置してあります。小部屋にいた12歳の児童は「ネルソン・マンデラの生涯」を課題に選んで、資料検索をしていました。

デ・クリング小学校の校舎に入ると、本校と分校に分かれています。分校の校舎は、本校と分校に分かれていて、すぐに大階段が見えて上部に本棚がありました。学校図書室であると共に、大きなオープンスペースである大階段は、生徒集会やイベントの時の椅子にもなるそうです。

子どもたちは授業中、よく席を立って動きます。子どもたちの机以外に、クラスには丸いテーブルが置かれています。先生が15分ほど説明して、ある年齢の子どもたちがそれぞれどれくらい理解しているかを個別に見る時間もあります。

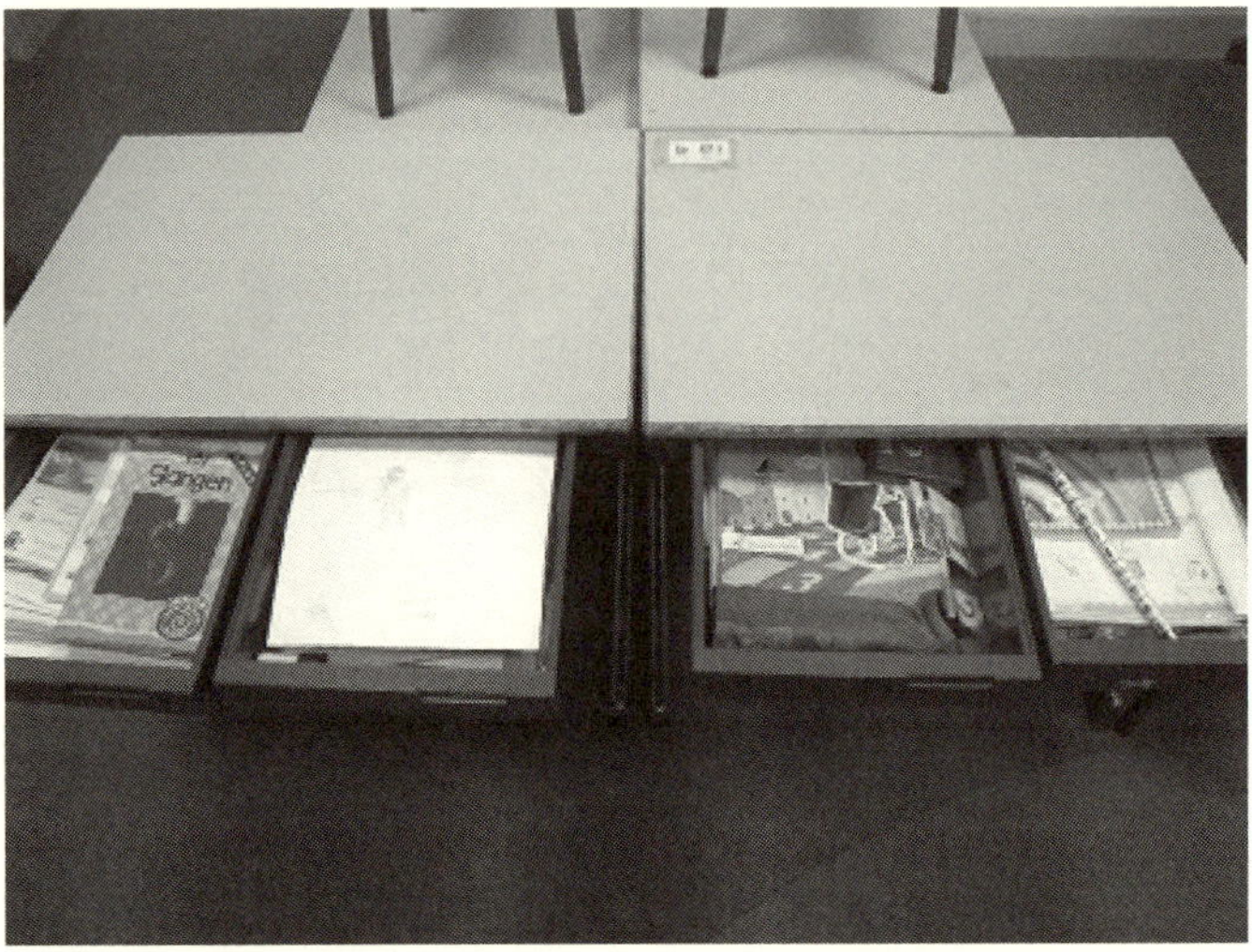

オランダの小学校の教科書はひとりひとりに合わせたものが使われる

子どもたちは、それぞれの学習プログラムを持って小部屋に行ったり、自席に戻ったりしています。それでいて、ザワザワすることもなく静かな学習環境が保たれていることに強い印象を抱きました。

より詳しくは、今回の視察をコーディネートしてくださったオランダ在住のリヒテルズ直子さんの著書『オランダの個別教育はなぜ成功したのか――イエナプラン教育に学ぶ』(平凡社)をお読みください。

全国生徒組織(LAKS)教育制度に意見表明

オランダの教育は学校にだけあるのではありません。むしろ、学校をとりまく多様な支援機能が充実していることに特色があります。

ハーレム市に拠点を置く民間教育団体「ヨーロッパ・プラットホーム」は、65名のスタッフを抱えています。とくに、力を入れているのが「国際化教育」の支援です。エロス(Elos)と名づけられたプログラムは、国際化教育の水準を引き上げ、学生たちが国際交流するだけでなく、実際に国際社会で活躍できる力をつけさせるものです。

現在、エロスを採り入れている学校は、オランダを含めた13カ国140校にのぼります。スカイプやEメールを通して、交流校同士で共通の課題に取り組んだり、植物の種子を同じ時期にまいて成育の違いと気候の影響を知ったり、生徒たちが相談を重ねながらバーチャルな企業を立ち上げたりと、多彩な実践が始まっています。

オランダに7000ある小学校の1割ほどでは、バイリンガル教育も始まっています。

4歳から英語による英語の授業が行われています。中学校で、こうしたバイリンガル教育を受けた子と受けていない子をどのように「接続」していくかが課題となっているそうです。

また、オランダの中学校段階の生徒たちは、生徒会連合のような全国生徒組織（ＬＡＫＳ）をつくっています。アムステルダムの街中に事務所があります。17歳のヤスミン・テスラーさんが活動内容を説明してくれました。

「１９８４年春に、12歳から18歳までの生徒たちが、教育政策にかかる政治決定に生徒の立場から発言権を確保するためにつくったのが始まりです。教育制度の改革には『教員』『保護者』『生徒』の3者合意が必要で、学生定款も決めています。そのなかには『生徒は1日ふたつ以上のテストを受けてはならない』というものもあります」

年間約1億円の活動費はすべてオランダ政府から出ていて、事務所の運営費・専従費や会議費などに使われているそうです。全生徒を対象とした「学校の満足度調査」も行っています。

大学入試のないオランダで、生徒にとって関心の高い中等教育の「卒業試験」について、実施直後に特設電話を引き、生徒たち15万人の声を集めているそうです。この結果は、テレビで報道され、社会的な関心を呼びました。

テスラーさんは続けます。

「教育改革の中で『生徒は１０１４時間以上、授業に出なければならない』という規則が生まれた時には、生徒たちが『異議あり』の声をあげました。２００7年と２０１1年に大規模な抗議行動が組織され、代表であるＬＡ

KS議長がメディアのインタビューに答えたり、国会で発言したりしました。すぐに制度が変わったわけではありませんが、超党派議員の手で『中等教育を再点検せよ』という動きが生まれたのも成果のひとつでした」

17歳の彼女は、メンバー間の連絡といった事務局の役割と国際交流を担当しています。国際交流の担当者としてどんな視点を持っているかという問いに対しては、こう答えてくれました。

「グローバル化している現在、生徒たちは国境を越えてつながり始めています。国際交流について、国はもっぱら経済的利益を強調していますが、私たちは互いの交流によって全人格的な成長をめざしています」

彼女は、「教育の自由」の下にあるオランダの教育を受けた子どもたちの中で、もっとも積極的な子どもには違いないでしょうが、何を聞かれてもよどみなく答えます。「大人顔負け」という言葉も陳腐《ちんぷ》なくらい、確かな説明力に感服しました。

オランダの負の歴史も学ぶ国際的人間教育

続いて、国際交流と科学技術教育に力を入れているというホフスタット・リセウム中等学校（ハーグ市内）を訪ねました。修士レベルの大学や、学士レベルの高等専門学校への進学を希望している生徒たちが通っています。

「この学校では、オランダにとどまらず、国際的な人間に育てるのが責務だと考えています。差別をしない『寛容』（トレランス）の姿勢で運営しています」（フルンデーケン校長）

生徒たちは、ローマやギリシャ遺跡を見学

デ・クリング小学校（本校）

するだけでなく、ドイツでの「ユダヤ人虐殺」犠牲者をしのんでアンネ・フランクの墓地も訪れています。「アンネの日記」でよく知られるように、オランダもナチス・ドイツの支配下にあった時代に、ユダヤ人迫害の嵐が吹き荒れ、ナチスに協力したり、その風潮を見過ごしたりした市民が少なくなかったという苦い記憶があるのです。

国の枠を越えて活躍するためにも、そうした負の歴史も含めて学んでいるのです。

この学校には数十カ国の生徒たちが集まり、学校そのものが国際交流の場になっています。6年前には、先に紹介した「エロス（Elos）校」に指定され、現在、12カ国と交流しているそうです。また、世界中の学校との交流を通じて情報や体験を分かち合ったり、地球規模の問題に対処できる人材を育てるための新しい教育内容や手法を開発したりすることを目的とした、「ユネスコスクール」の認定もめざしているそうです。

すでに、インターネットを利用した交流も始まっていて、スペインの学校の生徒たちと英語で話し合ったりするほか、日本の私立学校・市川学園とも交流を始めるそうです。

国際化への対応という観点から、ハーグ市にあるプロテスタント系の私立小学校も訪ねました。デ・オントムーティング小学校は、児童180人、教員20人ほど。保育所と学童保育が併設された複合教育施設で、保育所と学童保育はDAKという民間教育企業が運営しています。

ハーグ市の推進する保育・幼児一貫教育のモデル校として、2014年1月にスタート。財政上の効率化をはかるという面に加えて、0歳から12歳までの子どもたちが受ける首尾一貫した教育環境をつくることができるというメリットがあります。

説明をしてくれたウェインバールデン先生は、特別支援教育の担当です。

「始まったばかりで課題はまだまだあります。小学校も保育・学童保育も、まずは内部構築にあたってきました。相互の話し合いと連携はこれからで、一緒にニュースレターをつくろうというアイデアがあります」

オランダにやってきたばかりの移民の子どもたちは、両親ともにオランダ語を話すことができない状態で入学してきます。母国語からオランダ語に転換するための「スイッチ・クラス」は少人数で、1年にわたって語学教育を続けるといいます。

それでも、子どもたちの家庭の抱える問題

は複雑で、行政サービスとつながることで解決する場合もあるといいます。週1回、スクールソーシャルワーカーが学校を訪問して、必要な支援をするそうです。

移民の子どもたちに、充実した環境の下でしっかりと言葉を習得させ、教育することで「差別」の壁を取り払い、成長・発達する道筋をつけているのです。満足な教育を与えず、落ちこぼれのまま切り捨て、犯罪や非行へと転落する子どもたちを生んでいく社会とは正反対の方向をめざしていると感じました。

この学校のクラスでも、サークル状に児童が集まってミーティングする光景がありました。また、廊下には自習コーナーがあり、特別支援教育も児童ひとりひとりに即した教材やプログラムによって進められているなど、最初に視察した「イエナプラン」の小学校との共通点も少なくありませんでした。

競争と勝敗でなく、協同とみんなの幸福

教育方法や子どもたちの学び方は時代とともに進化します。オランダでも、グローバル化時代を迎えて次々と開発される指導法や教材は、教育サポートセンターのベテランスタッフが吟味して、学校ごとの特性を見ながら紹介するそうです。

コツコツと干拓《かんたく》を続けて、堤防を築き、水路をめぐらせてきたオランダの社会的基盤は、競争と勝敗ではなく、協同でみんなの幸福を継続することにあるといいます。オランダの学校は社会から孤立していません。学校は、外からは海に浮いた氷山のように見える部分ですが、その水面下に親たちの支援と参加、

個性的な色・形のバッグが並びオランダ教育を象徴

生徒たちの声、教員へのサポートセンターや民間教育団体の支援、教育監督局の助言など、重層的な支援構造がありました。

多様性のある自由な教育を支えるために、これほどに精緻なシステムを構築しているのです。表面的にオランダの教育を見ると、それぞれの学校が特色を持ち、「教育の自由」を謳歌《おうか》しているようにも見えますが、その「自由を支える確固とした基盤」にも注目をしたいと思います。

国を閉じてきた江戸時代、日本で唯一の西洋文明との接点はオランダでした。21世紀となった今、オランダの教育は進化を続けています。ここから啓発を受ける点は数多くあると感じました。

4章

超高齢化時代と世田谷型「地域包括」

「夢のみずうみ村新樹苑」入口の看板は数時間かけて私が書いている

4人家族の幻想「血縁に代わるもの」

1982年に刊行された『日本国憲法』（小学館）は近年、復刊して累計100万部を超えたといいます。日本国憲法の条文を29枚の写真とともに紹介しているのですが、そのなかの印象深い1枚に、裸で露天風呂に入っている4人家族の写真があります。当時は、夫婦と子ども2人というのが「標準」家庭とされていました。しかし、いまや家族のかたちはすっかり変わってしまっています。

私たちの人生にとって、家族がきわめて重要であることは間違いありません。家族が仲良く、健康で暮らしていけることは何よりの幸せでしょう。ただ、どんなに強いつながりでも、いつかはゆるんだり、時に断たれたりすることがあります。永遠不変のように思えても、別れは突然やってきます。

2013年7月7日から11日まで5日間連続で、世田谷区内でタウンミーティングを重ねました。「コミュニティ」をめぐる話題が出ることが多く、私はこう話しました。

「これから地域で必要となるのは『友達以上、家族未満』というつながりです」

２０１０年の国勢調査では、１世帯の平均は２・42人。一人暮らし世帯は32・４％と、初めて夫婦と子どもの世帯を上回ったようです。世田谷区でも１世帯平均は１・95人、一人暮らし世帯は49・８％を数えます。65歳以上の高齢者約16万人のうち、一人暮らしが約４万人、高齢者のみの夫婦が６万４０００人で、子どもや孫と共に暮らす高齢者は少数となっているのです（３世代同居世帯は１・５％）。

地域に生まれた「地縁」で支えあう人々

２０１３年７月14日付朝日新聞は、「変わる現実に向きあえ」という見出しをつけて、社説で政治家の家族観を取り上げていました。

〈「家族で」支えあうことは大切だ。だが、家族の力が弱っている時に、支えあうのが日本の美風だからと説いていても仕方がない。いま必要なのは「家族を」支えることだ〉

家族の力が弱っているのに、家族の力に頼る仕組みが続いていることが問題だ、と指摘しています。いまや「標準」と呼べるモデルはなく、シングルマザーやＤＩＮＫＳ《ディンクス》（共働きで子どもを持たない夫婦）をはじめ、現実には多様な暮らしのかたちがあります。家族と離れて住んでいる人に、行政や国が「家族の価値」を何度となく強調しても、その言葉が届くことはない、と私も思います。

私が出席した、「子育て・教育」をテーマにした集会では、30代半ばの女性がくやしそうにこう語っていました。

「『保育園が足りない』というみなさんの悩みを聞いてうらやましい。私は派遣だし、彼は最近失業したし、生きていくのが精一杯。この生活を抜け出さない限り、子どもを産むこともできないと思うと、目の前が真っ暗になります」

子どもを産みたい、育てたいのに、いまの長いトンネルのような生活では、その先にあるはずの出口がまるで見えないというのです。一人暮らしをしている中高年も、病気と闘ったり介護を必要としたりしている妻や夫を持つ高齢者のみの世帯も、仕事を探しているシングルマザーも、派遣で仕事を転々としている若者もみな、地域社会に生きています。

そして、「家族」という血縁でつながっていなくても、地域の中に生まれた、新しい「地縁」によって支え合っている人たちはいるのです。

世田谷区の「空き家・空き室活用」の試みもそのきっかけを提供したいと考えたものです。使われていない家や、使われていない部屋を外部に開放することでコミュニティの結び目となる場が生まれています。

こうした場所に、地域にさまざまなかたちで住む人たちが集まり、夕食を共にすることでくつろいだひと時を過ごし、顔色が悪ければ健康状態を気づかい、世代の差を越えておしゃべりを楽しむ……。さきに「友達以上、家族未満」と呼んだのは、こんな関係をさしています。

家族は大切です。その価値をいささかも否定するつもりはありません。けれども、子育てにしても、生活保護にしても、高齢者の介護にしても、財政難などの理由で十分なセーフティネットが準備できていないなか、その「穴」を埋める役割を家族にだけ求めるとしたら、それはすでに時代錯誤《さくご》というものでしょう。

少子高齢化が進む日本では、「血縁に限らない社会のつながりで、家族の機能を補う仕組み」を生み出すことこそ、避《さ》けて通ることはできない大切なテーマではないでしょうか。

「空き家」「空き室」はまちの資産

日本の空き家は「820万戸」と聞いて驚くのは私だけではないでしょう。総務省の住宅・土地統計調査（2013年）の数字です。住宅総数は6063万戸。ということは、日本全体の住宅の中で空き家が13・5％を超えているのです。

世田谷区内の空き家は2008年調査で3万5000戸とされ、集合住宅の空室が多いのですが、それでも一戸建の空き住宅が6200軒を数えます。崩壊寸前のものから、築年数が浅くてすぐに使えるもの、手を入れれば再生できるものまで、さまざまです。

私が「再生可能な空き家」の存在に目覚めたのは、区長に就任したばかりの時でした。

東京電力福島第一原発事故から避難してきた方々の落ち着き先を探すため、区民から「空き家・空き室」の提供を求めることにしました。災害救助法によって認められる「みなし仮設＝応急仮設住宅」の国から支払われる民間賃貸住宅の家賃は「7万5000円以下」。この家賃では東京で家族で住もうとしたら十分な広さを確保するのは難しいのは歴然としています。私は区の広報物を使って、あえて「7万5000円」で所有する空き家・空き室を提供する「居ながらボランティア」を呼びかけてみました。うれしいことに、市場価格を大幅に下回ってでも提供したいという家主さんが次々と手を挙げて、60軒近くを提供してくださいました。

寄付された土地や家屋を活用して

もうひとつ、区民から「土地・建物」の寄付の申し出が少なくないことも知りました。自分が生涯を終えたら、長くお世話になってきた区に寄贈したい。こうして寄付を受けた土地や家を活用して、すでに多くのコミュニティスペースが存在しています。家や部屋を「公共的・公益的」なかたちで生かしてほしい。そう感じている人がいることを心強く思いました。空き家・空き室が増えている一方で、これを利用したいというニーズもあります。起業したり、介護福祉や地域コミュニティに根ざした、ソーシャルビジネスやNPO等を立ち上げたりしたいけれども場所を確保できない、という人たちです。

そこで、再生可能な空き家・空き室とマッチングすることはできないかと考えるようになりました。色々とイメージをふくらませながらこのテーマに興味のある人と話し合いを深めていき、「空き家研究会」が立ち上がり、30代を軸に若い世代が中心となって研究と交流を重ねています。

空き家を社会資源として見直し、地域コミュニティや福祉・子育てサポートの場として活用しよう、女性や若者たちの起業の場としても可能性を探ろうという議論が出てきました。また、お母さんがひとりで住んでいる一軒家の2階に、女性たちが起業した非営利企業による「子育て広場」をつくろうという動きもあります。空き家ではなく、この場合は空き部屋の活用です。

空き家の活用をめぐる総合相談を始めるとともに、空き家活用のモデルケースを公募して初期費用の助成を進めることにしました。そのほか、不動産業界などの協力も得て、持ち主と借り手のマッチングの仕組みを考えていきます。自分の持つ不動産物件を社会的に意義のある事業や公益的な活動に使いたいと考えているオーナーもいます。一方で、NPOや社会的企業（ソーシャルビジネス）で使うことのできる物件を探している人たちもいます。双方がうまく出会い、結びつくことができれば大きく前に進みます。

空き家活用の「マッチング」と「モデル事業」

２０１３年10月27日、世田谷区が進める「世田谷らしい空き家等地域貢献活用モデル事業」の公開審査会が行われました。「空き家」「空き室」を地域資源として活用しようという「世田谷モデル」を模索していく大きな第一歩です。２０１３年度の予算に「空き家活用モデル事業」を計上して、世田谷区の住宅課と「一般財団法人・世田谷トラストまちづくり」が準備を始めました。モデル事業の説明会には70人を超える区民が集まり、かなりの熱気を感じさせました。

不動産業界の法定研修に私が招かれる機会もあり、「空き家活用の社会的意義」を話すことで問題意識を共有する機会もありました。またＮＰＯ法人「日本地主家主協会」という土地・建物のオーナーの立場から活動する団体からも連絡があり、世田谷区の取り組みに興味があるとのことで、インタビューに答えました。

一方、ソーシャルビジネスや地域での活動を企画する人たちからは「何とかスペースを確保したい」という切実な声が多数ありました。

そして、「空き家」「空き室」をもつ人たちの中にも、社会的な意義のある地域活動やNPOに、自分の所有する空間を有効に使ってほしい、と考える人たちがいることがわかり、両者をうまくマッチングできないかと区で検討を重ねてきました。

始まった借り手とオーナーを有効につなぐ、「マッチング事業」

最初のスタートは、ふたつの事業から始まりました。ひとつは、「世田谷区空き家等地域貢献活用相談」を受け付ける取り組みです。これは、物件を活用したい借り手と理解あるオーナーをつなぐマッチング事業です。すでに両者がかみあって利用が始まっているケースも出てきています。

さらに、「空き家」「空き室」の活用案3つにそれぞれ上限200万円を拠出する「世田谷らしい空き家等地域貢献活用モデル事業」を呼びかけてきました。その最終審査が公開で行われたのです。

公開審査会に応募したのは5つのグループ。それぞれの熱のこもる公開プレゼンテーシヨンを聞いて、そこから、次の３団体をモデル事業とすることに決定しました。

まず、「グリーフサポートせたがや」というグループです。死別・離別・暴力被害等の悲しみに直面する人々を癒し、支える活動を続けています。

区内で亡くなる方は年間で約６０００人、そのうち自殺者は約１５０人前後です。このほか、区に寄せられるＤＶ（家庭内暴力）相談は年間約１０００件。離婚届は年間約１５００組、３０００人とその家族が当事者になります。ひとりの方が亡くなると、家族や友人を含めて７人がグリーフ（悲しみ）を抱えると言われています。そこで、空き部屋にグリーフサポートの場をつくり、経験者同士が語り合ったり、勉強会を開いたり、音楽療法を行ったりするなど、「寄り添い、ともに生きる」活動の拠点とする――とのことです。

次は、「シェア奥沢」です。大正末期の区画整理で生まれた旧「海軍村」の住宅があった区域に残存する住宅のひとつで、多摩美術大学教授の堀内正弘さんの自宅に隣接する空間についてです。堀内さんと言えば、学生たちと共に考えた「ＣＯＯＬ《クール》 ＳＨＡＲＥ《シェア》」（５章

151頁）の仕掛け人として有名ですが、すでに、古くなった住宅を改装して「シェア奥沢」という空間をオープンしています。

コ・ワーキングスペースや食事会、コンサートなどを開くなど、私設公民館として使われてきましたが、築88年になる住宅の耐震性を診断したところ改修を急ぐ必要があるということになり、改修工事をしたいとのことでした。

最後のグループは「ANDITO＋大蔵プロジェクト推進チーム」です。賃貸住宅を持つオーナーとして、駅から距離がある物件の空き室が埋《う》まらないという悩みを持っていたところ、世田谷区内で高齢者施設を運営する社会福祉法人の施設長と出会い、建築家も加わって「デイサービスと認知症カフェを備えた多世代交流拠点づくり」を思いつき、賃貸アパートの1階をぶち抜いてデイサービスとカフェに改装する、というものです。しかも、都内でも残り少ない農地を持っていることから、農業体験とカフェの運営の組みあわせも考えているとのことでした。「認知症カフェ」としながらも、高齢者だけでなく、子どもやお母さんなど、多世代にひらかれた場づくりをめざしていくそうです。

このように、いずれも魅力的なアイデアが「モデル事業」として認められました。どれも視線は限りなく地面に近く、どこにでもあるようで、じつはどこにもない空間を実現しようとしています。モデル事業の展開が、新しい「空き家」「空き室」活用の可能性を示していく意味は大きいと思います。

シェア奥沢で「空き家」活用を語る

モデル事業のひとつ「シェア奥沢」で、空き家活用のセミナーが開かれると聞いて出かけてみました。

住宅街の中でも、ひときわ緑の深い古い民家の玄関には靴がびっしり並んでいました。中に入ると、コ・ワーキングの場となる事務的スペースと広めのキッチン、そして二間続きと縁側付きのオープンスペースがあります。ここで、コンサートあり、映画会あり、寄席あり、勉強会ありと、地域私設公民館として多彩な活動が始まっています。

「ここは長い間、ごみがうずたかく積まれているごみ屋敷でした。私も入ることができず

に放置していました。ところが、『この空間を片付けて使いたい』という人たちが現れたんです」（堀内正弘さん）

日曜日の夕刻、集まったのは「空き家活用」を手がけたり、関心を持ったりしている人たちです。堀内さんがＳＮＳ（ソーシャル・ネットワーキング・サービス）で呼びかけたところ、２日間で満員となってしまったそうです。私はモデル事業のこれからの展開に期待し次なる企画がどのように生まれるかにも注目しています。

「シェア奥沢」では小さなグループに分かれて、ワイワイガヤガヤ話し合いが続きました。後半、その内容を参加者でシェアする時間に行われた報告はユニークでした。

「農地保存と空き家活用をセットで追求していきたい。コミュニティ・スペースを拠点にして、子どもから高齢者までが使われていない畑で農体験できるようにしたい」

「コミュニティの中で多世代が交流する場として活用したい。そこでは『食』を共通項にして、『おたがいさま食堂』をつくって楽しい時間を過ごす。子育て世代だけでなく、幅広い年代の人が集まるといい」

シェア奥沢メインルーム

「コミュニティビジネスを展開しているが、ボランティアだけでは長続きしない。継続するためにはお金も必要で、地域や行政に協力してもらうだけでなく、企業にも参加してもらいたい」

「空き家にならないまでも、空き室は増えている。昔6人で住んでいた家に今は1人か2人というのは珍しくない。昔の下宿のような感覚で、持ち主の高齢者は1階に、地方から上京している学生たちは2階に住んで、高齢者の見守りや手伝いをしながら、家賃はうんと安くしてもらうという住まい方はできないだろうか」

「話をしているだけでは面白くないので、

明日から『空き家活用をやろう』という話になりました。地域福祉の小規模施設をつくりたい方がいて、せっかくだから応援することにしました。こうして、違う世界の人が出会って協力しあうことで、具体的な場を開いていくことが重要です」

イギリスでは、「空き家解消」のための厳格な制度がつくられています。参加者のひとり獨協大学教授の倉橋透さんによると、2年を超える空き家について、正当な理由がない場合、日本の固定資産税にあたる税金を150％引き上げるだけでなく、自治体が空き家の利用権を取り上げてカギを取り換え、第三者に提供できる、という制度（EDMOs＝空き家管理命令）がつくられているそうです。2013年からで、まだ実施例は少ないとのことですが、イギリスの自治体の持つ強い権限を物語っています。

こうした話しあいの中から、空き家活用型のコミュニティ・カフェや住民による地域福祉事業所が生まれれば、福祉のネットワークはよりきめ細かくなります。いま、区内で次々とユニークなスペースが誕生しています。

そんな希望はあながち夢ではない、と感じた一晩でした。

沈黙のまま暮らす65歳以上男性、6人に1人

黙ったまま暮らしている人たちがいます。

国立社会保障・人口問題研究所の「生活と支えあいに関する調査」（2013年7月）で、65歳以上の一人暮らしの人の回答を見て、驚きました。日常生活の中で「電話も含むふだんのあいさつ程度の会話の頻度《ひんど》」が「2週間に1回以下」と回答したのは、男性で16・7%でした。

一人暮らしをしている65歳以上の男性のうち、約6人に1人が、2週間誰とも口を利かないか、挨拶程度の言葉を1回しかかわしていない、というのです。一方の女性は、3・9%にとどまっています。

世田谷区が区内15万人の高齢者を対象にした「全高齢者実態把握調査」（2010年）でも同様の傾向が見られました。一人暮らしの高齢者で「家族・親族・友人と会ったり連絡したりする機会が少ない」との回答は全体で平均15・7%でしたが、男性が29・2%、

女性は12・1%と、男性の方が社会的孤立の傾向が強いことがわかります。

女性たちは自らの周囲に壁をつくらず、初対面の人でもつながっていくことが得意なようです。男性は、企業や組織の中での「上下関係」や「社会的役割」を強く意識し、「組織内のコミュニケーション」を長い期間、重ねてきたので、上下関係や組織の枠組みがなくなると他者との関係がつくりにくいのでしょうか。

誰とも話さない、挨拶をする相手もいない。いまや、買い物もコンビニやスーパーで黙って品物を出すだけで、会話をしなくても生きていくことは可能です。誰にも気を使うことなく自由とも言えますが、孤独と背中合わせでもあります。

齢《よわい》を重ねると、体調の変化も起こりやすくなります。「顔色悪いね」「ちょっと胸が苦しいんだ」といった日常会話から診療や検査に結びつくという機会がないと、孤立死・孤独死と地続きになるリスクもあります。

高齢化が進んだ集合住宅の中で、孤立死・孤独死が連続して起こる問題では、定期的に巡回して声をかけたり、安否を確認する仕組みを導入したりするなどの工夫が一部で行われています。

ただ、これまでの行政は、「誰とも言葉をかわさずに暮らす人」を政策の対象としてはあまり意識してこなかったのではないでしょうか。政府広報や自治体広報にも、にこやかな老男女と子ども夫婦と孫たちが談笑する「家族写真」がよく掲載されてきました。

さらに増える一人暮らしの高齢者

世田谷区の場合、3世代同居はわずか1・5%にとどまります。にぎやかな家族は意外と少ないと感じます。一方で、単身世帯は約50%を占めています。そのうち、65歳以上の一人暮らしは約4万人を数えます（2010年国勢調査）。さらに高齢者のみ世帯は約6万人で、区内の高齢者の6割以上を単身世帯と高齢者のみ世帯が占めます。このように、家族の姿は激変しています。一人暮らしの高齢者は、これからさらに増える一方です。

日常生活の中で「おはよう」とか「ただいま」とか、ひと言でも誰かと言葉をかわすということは、家族が成り立っていた時代には当たり前のことでした。ところが、挨拶の相手も身近にいない、会話する相手もいないという人が相当数出ているのです。「家族」に代わり、「孤族」という言葉を耳にしたこともあります。

私は、高齢者福祉にからめて、ふたつの場の提供を考えています。

世田谷区内には、地区ごとに置かれた出張所・まちづくりセンターが27カ所あります。ここに、地域包括支援センター（世田谷区では「あんしんすこやかセンター」と呼ぶ）と、社会福祉協議会の窓口を集めて、「身近な福祉の窓口」とするのです。２０１４年度から3年かけて、その体制に移行する準備を始めているところです。

もうひとつは、地域に老若男女が集える「コミュニティ・カフェ」や集いの場を多く創り出していくことです。一人暮らしでも、たまには挨拶をかわし、お茶を飲んで雑談をするのもいいものです。

希望するなら、週に1回は、誰かと食卓を囲んでゴハンを食べられる場や機会を、住民自身の運営によって生み出していってほしいと考えています。そのための支援をしたいと思います。

「バリアリー」の高齢者施設の狙い

「夢のみずうみ村 新樹苑」という高齢者施設が世田谷区八幡山にあります（写真4章扉113頁）。中庭に出ると、「みんな違って、みんないい」という大きな字が目に飛び込んできます。ここでは、従来までのデイサービスの概念を、大きくくつがえす取り組みが行われています。

ここは、かつて世田谷区立の高齢者施設「新樹苑」として開設され、長年地域に親しまれてきた場所です。

私が区長になってから、施設の老朽化にともない民営化の検討をしたいという話があり、これからの時代にふさわしい意欲的な場であることや、地域になじむ運営ができることなどをテーマに、有識者に話し合ってもらいました。その後、事業者に決まったのが社会福祉法人「夢のみずうみ村」です。

理事長の藤原茂さんは作業療法士で、介護の現場での経験を通じて独自の運営哲学を築いてきました。最大の特徴は、デイケアのプログラムが存在しないということでしょうか。朝一番に、利用者はまず、ホワイトボードを前に、自分の名前が書かれた札を取り出してから、午前・午後と時間帯ごとに、やりたいプログラムを選んで貼りつけていきます。「麻雀」「カジノ」「カラオケ」「陶芸」「木工」「パン作り」「編み物」「片手の料理」など、異色のメニューも並んでいます。

ホワイトボードに並んでいる利用者のみなさんのプログラムは人それぞれで、同じものはありません。昼時の「バイキング（昼食）」だけは共通していますが、ほかにも「入浴」「映画」「何もしない」「ボーッとする」「新聞を読む」などがあり、バラエティーに富んでいます。「自己選択・自己決定」が原則です。

なかでも「パン作り」は人気のプログラムです。なぜなら、町のパン屋さんにあるようなパン焼き機を使い、パン作りに精を出します。熟練してくればおいしいパンを自分で焼いて、孫へのおみやげにもできるからです。

陶芸教室にあるような本格的な電気窯《がま》を使える「陶芸」も人気です。木工室には電動工具が一通りそろっていて、何でもつくることができます。カラオケは最新の通信カラオケが導入されています。

こんなに設備投資して大丈夫だろうかと心配になるぐらい、利用者が夢中になって打ち込めるツールがそろっているのです。ここは、大人のワンダーランドです。

さらに、村内通貨「YUME《ユーメ》」というユニークな仕組みもあります。利用者が各プログラムに参加する時に、このユーメを支払い、施設内で調理の手伝いをしたり、見学者を案内したりしたら、ユーメを獲得できます。また、血圧や体温を測定したり、カジノのゲームでユーメを稼いだりすることもできます。施設内でのみ使える「通貨」を介することで、利用者の動機づけを促しているのです。

バリアが意図的に配置された「バリアアリー」

館内を歩いてみると、「いさ坂」「あか坂」と名づけた傾斜のある場所があります。水平の廊下にわざわざつけた傾斜です。藤原さんはなんと「バリアアリー」と呼んでいます。施設内は坂だけでなく段差や階段など、日常で遭遇《そうぐう》する可能性のあるバリアが意図的に配置されています。これぞ、藤原流の介護哲学です。

どこにも手すりがあって、段差がない施設は、高齢者が自らがんばって、身体を回復させようとする意欲を奪ってしまうというのです。これぞ、介護の現場での逆転の発想から生まれた、夢のみずうみ村の考え方です。

したがって、食事もバイキングスタイルをとっています。「上げ膳《ぜん》、据え膳」ではなく、何をどれだけ食べるのかを自分で決めてもらうため、高齢者を受け身や、指示待ちにしない工夫でもあるそうです。

これまでのデイサービスは、利用者全員が一斉に体操をしたり、歌を歌ったり、ゲームをしたりというスタイルが一般的で参加者に女性が多く、男性の割合が少ないというのも特徴でした。ところが逆に、夢のみずうみ村では女性よりも男性が多いのです。

長い人生を生きてきた高齢者が自らの尊厳を保ちながら、若い時に持っていた好奇心を掘り起こし、仲間をつくって楽しむことで認知や身体機能を回復していくというのが「藤原流介護」の極意《ごくい》のようです。

実際に、バリアアリーの施設内を歩き、また熱心にプログラムに参加することで、杖がいらなくなってしまった利用者もいるとのことです。「本人が回復すると介護報酬が減額してしまうんですが」と藤原さんは苦笑する。

区立の高齢者施設として地域に開かれた場であるという特徴も引き継いでいます。長年にわたって地域住民と共に、毎年夏には、にぎやかな盆踊り、そして新年には餅つき大会が行われます。大勢の親子連れでとてもにぎやかになります。また、カラオケや陶芸教室などは一般区民へも開放されています。

「夢のみずうみ村　新樹苑」の毎日は、高齢化時代の介護とリハビリのひとつの希望を示しているように思います。

5章

地域から始めるエネルギー転換

神奈川県三浦市の区有地に設置した世田谷区みうら太陽光発電所

1900畳分の太陽光パネル、三浦市の高台に

どんな大きなことも、すべては小さな変化から始まります。

2011年3月11日の東日本大震災と東京電力福島第一原発事故以後、自然エネルギーに注目が集まりました。この間、被災地に設置されたいくつかのメガソーラーを見に行きましたが、多くの場合は設置した企業が地代を自治体に支払い、設置者が投資を売電収入で回収して利益を生むという事業モデルでした。

ソーラーパネルを設置する工事にはいくらかの人手を要するものの、完成してしまえば大量のパネルの制御は自動化されていて、雇用はほとんど生まれません。自治体からすれば、地代収入を得る以外にメリットは見いだしにくいと感じました。

世田谷区は2014年春、新たな事業に乗り出しました。メガソーラーの4割ほどの規模（420キロワット）の区営太陽光発電所を稼働させたのです。

神奈川県三浦市の高台に区が所有する約1ヘクタールほどの土地には、かつて世田谷区立三浦健康学園がありました。2005年に学園は廃止となり、建物は解体されました。ところが、売却予定だった跡地は、さまざまな法的規制がかかっていることもあり、土地に買い手がつかなかったことから、太陽光発電所として活用することにしたのです。

当初は、区が直接投資して、太陽光パネル設備をつくって運営することを検討していましたが、環境政策の担当者が綿密《めんみつ》に調査した結果、「リース方式」を採用することにしました。リース方式と聞いて、私もにわかに理解できなかったのですが、規模はまるで違いますが、「コピー機のリース」をイメージすればわかりやすいとのことです。

つまり、コピー機でコピーをとれるように、すぐに稼働して発電できる「太陽光発電設備」を20年にわたって事業者から提供してもらうのです。例外的な災害を除いて、通常の機器の故障であれば事業者が修理をすることになります。コピー機が「コピーができる状態」である機器をリースするように、太陽光発電でも、「発電できる状態」の設備をリースして区が使用することになります。

事業主体は世田谷区。つまり区営発電所ということになります。売電収入からリース料を支払い、差額が区の事業収入になるという仕組みです。２０１３年、「太陽光発電整備を設置・運営する事業者」の企画競争をした結果、国際航業株式会社と国際ランド＆ディベロップメント株式会社が落札し、世田谷区との太陽光発電所の設置と運営に関する基本協定を結びました。

世田谷区みうら太陽光発電所の特徴は、発電した電力を固定価格で東京電力に売るのではなく、民間の電力事業者に販売する点にもあります。

私も固定価格全量買取制度の導入により、電力を購入できるのは東京電力などの大手電力会社に限られている、と思い込んでいました。ところが、東京電力（固定価格）より高い価格で買い取っても利益を出せる民間の電力事業者があるのです。しかも、経済産業省は太陽光発電所の電力の買取先を「入札で決定」するよう推奨しています。

２０１２年に、区の使用する大口電力を新電力（特定規模電気事業者＝ＰＰＳ）から購入する時にも、似たような経験をしました。制度は前からあったものの、一部の自治体以外、制度の存在さえ知らなかったために使われていなかったのです。

今回、世田谷区みうら太陽光発電所では、制度にのっとって「太陽光発電所が発電する電力を購入する事業者募集」の競争入札を行い、事業者は株式会社エナリスに決まりました。同社は国が決めた固定価格（36円）よりキロワットあたり2・5円高い価格で買い取ります（契約期間は3年1カ月）。

同社によると、複数の新電力と取引をしているために多くのデータがあり、社内の気象予報士による発電量の予測技術があることなどから、独自のリスクマネジメントによって競争力のある価格で電力を買い取ることが可能だといいます。

注目される「リース方式」による太陽光発電

今回、世田谷区はなかなか売却できなかった三浦市の遊休地を活用し、リスクも抱える直接の事業投資ではなく、「リース方式」によって太陽光発電を始めることができました。また、電力の売電先を入札で決めたことにより、固定価格で東京電力に売るより年間10 0万円ほど多くの収入を得ることもできるようになります。

都市部における自然エネルギー活用のポイントは「交流のある地方自治体との連携」と考えてきた私は、たびたび全国各地の交流自治体に呼びかけてきました。この区営発電所の事業スキーム（計画・案）によって、交流自治体がエネルギー事業を立ち上げ、新電力を通じて売買して電力消費地である都市部と結ぶ、という可能性が高まったのではないかと思います。

２０１４年3月1日、私は神奈川県三浦市の高台にある「世田谷区みうら太陽光発電所」に立っていました。曇天だったのが残念でしたが、晴れていれば浦賀水道をはさんで横須賀とフェリーが結ぶ千葉県の浜金谷や保田が一望できます。

ここは、１９６４年からの40年間、ぜんそくや身体の弱い子どもたちの学校でした。それだけではなく、臨海学校の場として利用され延べ16万３０００人の小学生が訪問しています。区民にとって思い出深い学園の跡地は太陽光発電所に生まれ変わりました。

８７００平方メートルの土地に、傾斜5度の太陽光パネル１６８０枚がずらりと並ぶ光景は壮観でした。畳に換算すると１９００畳。合計出力は４２０キロワットで、一般家庭１３０世帯分が1年間で使う電力に相当する43万８８００キロワットを生み出します。当初見積った事業収益は年間４００万円ほど。発電所の稼動は予想以上に好調で年間６～7

00万円になりそうです。この収益を区の環境事業にあてていく予定です。

発電所でのテープカットを前に、吉田英男・三浦市長、太陽光発電所が立地する南下浦町金田地区の蛭田《ひるた》彰区長らと協定・調印式を行いました。協定では、三浦市や地域住民が「地震・津波・大規模な火事、その他の災害が発生した時に敷地を避難所として使用することができる」「災害時に太陽光発電所の電源を地元住民に開放して便宜をはかる」としています。協定書への署名後、太陽光発電所と非常用電源ボックスの鍵を吉田市長と蛭田区長に引き渡しました。

三浦市では、三浦半島の南端近くにある宮川公園で2基の風車による風力発電に取り組んでいます。市内には、し尿・浄化槽汚泥や農水産の残渣物《ざんさぶつ》処理をして発電・熱利用・堆肥化などを進めるバイオマスセンターもあります。「世田谷区の太陽光発電所とあわせて、子どもたちの環境学習などでぜひ三浦市を訪れてほしい」と吉田市長は語りました。

エネルギーの「地産地消」と「地域間連携」

私は、民家の屋根を使った太陽光発電を普及させていくエネルギーの「地産地消」と、交流のある自治体のエネルギー事業と提携する「地域間連携」を二本柱として事業を進めてきました。

世田谷区内の「地産地消」でいえば、小田急電鉄が社屋や屋根、車庫を利用した600キロワット（一般家庭160世帯分）の太陽光発電を区内の喜多見《きたみ》につくり稼働を始めたとの報道もありました。2014年3月末で、世田谷区内で太陽光発電と系統接続している家屋は4700軒まで増加したそうです。2011年の2000軒から3年間で倍増しました。世田谷区内では、太陽光を中心とした発電容量が着実に増えています。

さらに、みうら太陽光発電所のスタートによって、交流する自治体のエネルギー事業によって生み出される電力をPPS（新電力＝特定規模電気事業者）を使って購入し、区内で供給することで再生可能エネルギーの利用拡大につなげる道筋が見えてきました。

やがて、日常生活の中でも感じとれるほどにエネルギー革命の大きな波がやってくると考えています。全国の自治体で風力やバイオマスと組み合わせて熱や電気などのエネルギーを生み出す取り組みとともに、電力の生産地と消費地とをつなぐ仕組みづくりがますます重要だと実感しています。

新設したミニ発電所と井戸給水システム

完成した72時間電力供給可能な発電所、災害対策本部のある庁舎に

２０１３年春、世田谷区役所に独自のミニ発電所と、自動濾過《ろか》システムをもつ井戸が完成しました。区の駐車場に四角いコンクリートの箱のような建物ができあがりました。

ミニ発電所は、地下に埋設《まいせつ》されたタンクに軽油２万リットルが保管され、給油なしで72時間稼働します。ガスタービン発電機が生み出す電力は毎時５００キロワット。設置されてまもなく１度だけ停電になりましたが、さっそく自動稼働して電気の供給を始めています。

井戸は最も深いところで地下80メートルから取

地下に埋設した燃料備蓄タンク

水し、濾過《ろか》のための配管が複雑にめぐらされた小型の水プラントです。奥には、「メダカが泳ぐ監視装置」があります。
ハイテクを駆使したプラントの重要部分をメダカが担っているのはほほえましいのですが、井戸から汲み上げられた水に異物があると、メダカはこれを察知して暴れ回ります。そのため、水槽全体を監視カメラで見ていてメダカの異常行動が検知されると、取水を自動停止する仕組みです。
井戸水は、いくつかの濾過装置を通過して、最後に20万分の1ミリの単位で異物を除去するフィルターを通って飲料水となります。何杯か飲んでみましたが、すっきりしたミネラルウォーターという印象でした。

能力としては、最大150トン、災害時には、約5万人分の飲料水を確保することができますが、平常時は、東京都の環境確保条例で定められた取水量制限の範囲内の日量10トン分を水道水とともに庁舎で使います。水道費用の削減につながるほか、災害用の大量のペットボトル水の備蓄を減らすことができるのです。

さらに地下には、下水への放流ができなくなった時に備えて、4日分の排水を溜めておける排水槽も設けました。

災害時の「長時間停電」や「長期間断水」に備えて

災害時の「長時間停電」や「長期間断水」に備えて、区役所としての準備を始めたのは、区長に就任してまもなくのことでした。「想定外」という言葉が使われすぎた反省に立って、区の災害対策を予断を排してすべて見直しました。この中で、優先すべき事項としてあがってきたのが区役所の災害対策本部機能の強化でした。

本部の置かれている庁舎が古く、非常用電源も6~7時間しかもたず、司令塔としての機能が十分果たせない危険性がある、というのです。これは優先して解決すべきだと判断し、72時間稼働する非常用発電機を備えることと、飲料水確保のために井戸を掘ることにしました。さらに、災害対策本部機能を耐震性能が高い庁舎に移転をすることも決め、2013年春に移転をしたのでした。

自治体の仕事は、議論を議論のまま終わらせることは許されません。かならず目に見える形で結果を出すことが求められています。そのためにも、行政の取り組みを阻《はば》みかねない、縦割り意識と横並び意識は排除しなければなりません。

3・11を境に、これまでの「常識」は見直しを余儀なくされました。前例がなければ、前例をつくる、それが私の仕事だと考えています。

「クールシェア」という発想の転換

このところ夏になると猛暑という言葉も色あせるような、酷暑《こくしょ》とでも言うべき高気温がめずらしくなくなりました。

電力使用量のピークは、夏の午後1時から3時ごろにかけてとされています。法人や事業所の消費量が大きく影響するのでしょうが、電力使用のピークが刻まれるのは「猛暑にエアコンをかけてテレビで高校野球を観戦する」といった時間帯であるのも確かです。

東日本大震災と原発事故の直後の、2011年には政府による「電力使用制限令」が出され、節電が大きくクローズアップされたことは記憶に新しいところです。当時、私は世田谷区のリアルタイム電力使用データを公開するよう、東京電力に重ねて求めました。紆《う》余曲折《よきょくせつ》をへて公表されるようになったのは、「23区内」の「前日分」のデータでした。

震災前年となる2010年のピークは、7月23日の1336・1万キロワット。一方、7月から8月にかけての電力使用量は平均すると800万から900万キロワットということがわかりました。一般に「電力需要」とされていたものが可視化できるようになり、電力供給が逼迫《ひっぱく》するピーク時間帯には、グラフを見て、電力使用を抑制するように呼びかけることができるようになったのです。

「長寿命節電型」照明器具導入で最大使用電力の3割カット

世田谷区役所では2012年、一番大きな庁舎で「長寿命節電型」の照明器具を導入しました。1灯で反射板がついているため、旧来の2灯式の蛍光灯と比べても照度はひけをとらない、なかなかの優れものです。電力消費量はもっとも性能のいいもので50％の削減効果となります。猛暑だった2010年と、この照明に交換し終えた12年を比較すると、夏の最大使用電力量は69％に減りました。交換に5000万円かかりましたが、31％の節電に成功したことになります。

節電と言えば、原発事故の後、私たちは「電力が足りなくなる」との不安から、事態への対応を余儀なくされました。事故直後の「計画停電」に続き、5月には、政府から「電力使用制限令」が発令されました。電気事業法に基づき、契約電力が500キロワット以上の大口需要家が使う最大電力を制限するというもので、故意に違反すると地方自治体にも罰金が課せられたのです。

あの夏には、「町内会による盆踊りも中止した方がいいのか」といった問い合わせもありました。震災後で祭りを自粛《じしゅく》しようという気分に加え、「節電」の呼びかけが背景にあったものと思います。

冷静に考えれば、「盆踊り」の行われる夜の電力需要は供給力にゆとりがあり安定していて、しかも提灯はポータブル電源だったりするのです。地域の人々がエアコンをまわしてそれぞれの自宅にいるよりも、地域全体で見れば電力需要を抑制する効果があるのです。それでも、「節電」の大合唱に押されるような雰囲気があったのは確かでしょう。

「電力使用制限令」を受けて、世田谷区役所でも、電力需要が逼迫《ひっぱく》すると予想される午後に、区民会館や図書館などの公共施設の「一時的閉鎖」に踏み切りました。図書館の臨時閉館を解除したのは、夏本番を控えた7月に首都圏での電力供給が確保され、大規模停電の恐れが薄らいだ、とされたからでした。

公共施設を開けることは、節電に逆行するのか――。

あの夏、多摩美術大学造形表現学部で都市デザインなどを研究する堀内正弘教授（「シェア奥沢」にもオーナーとして登場）はそんな疑問をもとに、学生たちと共にプロジェクトに取り組んだそうです。その名も「ＣＯＯＬ ＳＨＡＲＥ《クールシェア》」。二子玉川の20軒ほどのレストランやカフェで、気温の上がる午後、「エアコン切ってきたよ」と告げると50円引きになる、という企画です。もともと日差しが強く客足が伸びない午後の時間帯にお客さんが集まったことで、店舗側からも好評だったそうです。この世田谷発の「ＣＯＯＬ ＳＨＡＲＥ」は、環境省のキャンペーンにも採用されました。

堀内教授からそんな話を聞き、我が意を得たりという思いでした。私は、震災直後の夏の節電対策を１８０度転換することにしました。図書館の部分閉鎖から一転、利用促進を呼びかけました。涼しさを共有できる場所に集まって過ごしてもらおうと、２００カ所の「お休み処《どころ》」を指定したのです。公共施設や高齢者施設、集会室、薬局、銭湯などに人が集まれば、結果的に節電につながり、涼みながら水分を補給することで熱中症対策にもなる。ついでに、区民施設のイベントにも足を運んでもらおうという試みです。「お休み処」の場所を記した「せたがや涼風《すずかぜ》マップ」も5つの地域別に作成して配布しました。マップは好評で毎年作成して、計10万部が次々となくなっています。

「クールシェア」の副産物は「人との触れ合い」

その結果、予想を超える副産物がありました。エアコンの効いた部屋を出てお休み処に出かけたことで人との触れ合いが生まれた、というのです。

堀内教授は、発想の転換とも言うべき「COOL SHARE」の取り組みをさらに広げたいと意気込んでいるようです。また暑い夏だけではなくて、寒い冬にも「WARM《ウォーム》 SHARE《シェア》」が効果があるということにも着目しています。いずれも、個人単位や世帯単位から、地域でみんな一緒に涼んだり温まりましょうという呼びかけです。

クールシェアのロゴマーク

東京電力から新電力へ、年間1億円の節約

２０１４年、世田谷区役所の大口使用電力はＰＰＳ（新電力＝特定規模電力事業者）との契約が、対象施設の８割まで切り換えが進んで、東京電力との契約に比べて１億円の削減効果額となりました。自治体で１億円の財源をつくりだすのは大変なことです。

ふり返ってみます。２０１２年春、世田谷区は１１１カ所の区施設で使う電気の購入先を東京電力から変更しました。競争入札をして、ＰＰＳ（新電力）から購入することにしたのです。削減効果額は２９４０万円でした。２０１３年、２回目となる競争入札を実施した結果、２０１３年度の削減効果額は倍増の６６５０万円になりました。

２０１２年の世田谷区のＰＰＳ（新電力）導入はたちまちのうちに全国ニュースとなり、他の自治体も企業も次々と切り換えを進める契機となりました。自治体発の政策発信の反響の大きさを感じた場面でした。

こうした公共施設の大口契約だけでなく、一般家庭への電力自由化を視野に入れた議論

が始まっています。２０１３年3月2日に昭和女子大学のグリーンホールで開かれた「世田谷発、電力を選べる社会へ」というシンポジウムには、約３５０人が集まりました。
実行委員会には、「３・11」以後、エネルギー問題に取り組み始めた生活協同組合や、市民団体、研究者、事業者等が名を連ねました。パネル討論には、経済産業省資源エネルギー庁の担当者も参加しました。消費者の側から電力供給システムに声をあげていこう、という本格的な動きの始まりです。

「電力自由化」のあり方を議論してきた電力システム改革専門委員会が２０１３年2月にまとめた報告書には、次のように記されています。

〈震災を機に「電力を選択したい」という国民意識が高まり、エリアの一般電気事業者から決められた価格で購入することを当然だと考えない需要家が増加した。加えて、節電の実施や計画停電の準備を通じ、多くの需要家がピーク時の電力使用量の抑制が大きな経済価値を持つことに気づくことになった〉

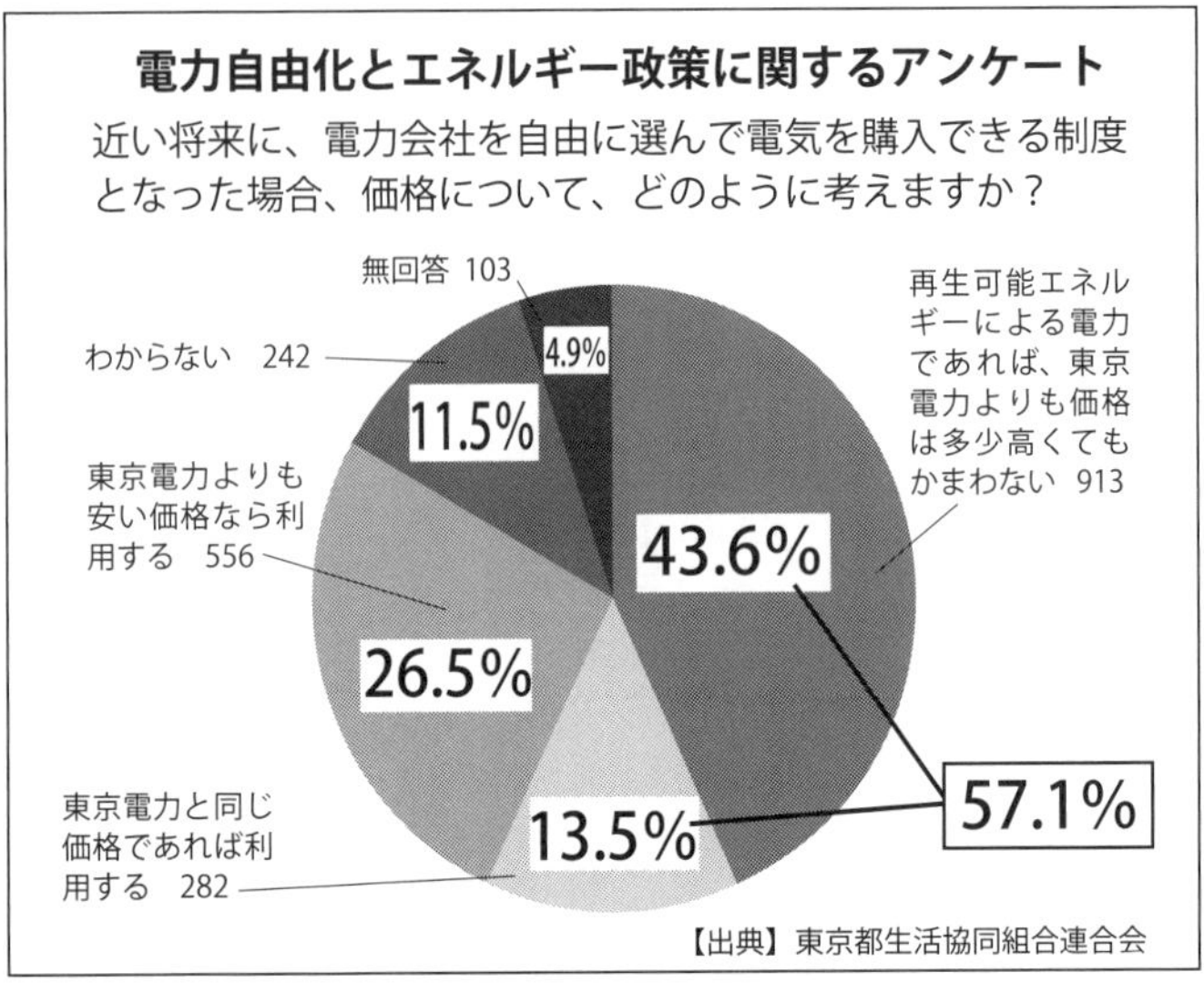

専門委員会の委員として報告書づくりにも関わった富士通総研主任研究員の高橋洋さんはこう語りました。

「電力システム改革のめざすところは、料金規制と地域独占によって行われてきた電力供給を、国民に開かれた電力システムの下で、事業者や需要家の『選択』や『競争』を通じた創意工夫によって実現することにある、と明記されていることが重要です」

また、都内2096人の組合員を対象とした東京都生活協同組合連合会の調査では、8割以上が「電力会社を選んでもいい」と考えており、約44％が「再生可能エネルギーを利用した電力であれば、東京電力より価格が多少高くてもかまわない」と考えている、との報告もありました。買いたい人がいて、売りたい人もいる。原発によらないグリーン電力のマーケットの裾野は着実に広がっています。しかし、電力会社の地域独占と規制行政の壁によって阻まれているのも事実です。

3・11の経験を踏まえてエネルギーの転換を進めていくには、太陽光発電の普及や省エネの実現など、すぐにできることに加えて、「電力供給システム」の改革が不可欠となります。すでに、生協単位で太陽光発電を利用しているほか、風車を建設したり、小水力を電源にしてPPS（新電力）を立ち上げたりといった試みも始まっているようです。

再生可能エネルギーの電力なら多少高くてもかまわない

キーワードのひとつが「電力の共同購入」という言葉でしょう。かつて1970年代に「複合汚染」が問題となり、食の安全が社会問題となりました。当時、都市部の消費者が顔の見える生産者と直接に結んで、有機野菜を入手する「産直・共同購入」が盛んになりました。価格はスーパーより高くても、消費者は安全を選んだのです。

供給側が食材の流通をコントロールしてきたシステムに大きな風穴があきました。「安全」や「信頼できる生産者」の価値が、価格競争とは別の市場をひらきました。ならば「電力の共同購入」が時代の流れになるのではないかと考えました。

２０１３年の春から東京都内の大手生協の代表者やエネルギー担当者、ＮＰＯや事業者に声をかけ、世田谷新電力研究会という勉強会を発足させました。ＰＰＳ（新電力）の仕組みから最新の事業モデルを企業や研究者、ＮＰＯにプレゼンテーションしてもらい、電力自由化を前に消費者、電力ユーザーである市民は何ができるのかを議論してきました。

「再生可能エネルギーによる電力であれば、電力会社の料金より多少高くてもかまわない」という回答が約44％になったという数字は、「電力の共同購入」の潜在的市場が存在することを物語っています。こうした潜在的市場に意欲的な新規事業者の参入を呼びかけていくのが「電力自由化」前夜に必要な取り組みだと思います。

その後も、世田谷新電力研究会では２０１４年４月に「水素・燃料電池」をテーマとしたフォーラムを開催するなど活発な情報交換の場を提供しています。行政機関や大手企業からベンチャーまで多数の参加者がありました。

自治体が先頭に立って音頭をとり、民間事業者や団体、大学、ＮＰＯ等と柔軟なつながりを紡《つむ》いでいくことが大切です。また、世田谷区のみならず全国の交流自治体ともつなげて、情報プラットフォームを形成して、人や技術の循環を加速していきたいと思います。

新電力研究会によるセミナーは、たちまち予約で埋まった

自治体は「エネルギー転換」の最前線

2013年4月8日、「世田谷発、電力を選べる社会へ ビジネス編」（世田谷新電力研究会主催）と題したセミナーが開かれ、70社ほどの企業が参加しました。定員を超える応募が寄せられ、環境・エネルギー関連はもちろん、金融、商社、通信、ITなどの異業種も目立ちました。

まず、海外の電力事情にも詳しい高橋洋さんが基調講演に立ち、電力自由化後のエネルギー環境について語りました。

「電力会社による地域独占から、複数の事業者が競争する状況に変われば、消費者が『電力の質』を選べるようになる。そうすればIT革命のように、エネルギーをめぐるビジネスの世界は一変するでしょう」

続いて、生活協同組合が取り組む「風車」の広域利用、放送・通信事業者によるマンション一括受電サービスや、運営支援事業者による新たなビジネスモデルなどが報告され、私も世田谷区のエネルギー政策の経緯と現状について話しました。その後の交流会では、参加者同士の名刺交換と懇談が熱心に続きました。

エネルギー問題における「国民主権」

これまでは、原発やエネルギー問題は国の重要政策であり、地方自治体で議論するテーマではないというのが「常識」でした。

しかし、この間の取り組みで確信していることがあります。それは、市町村や区といった基礎自治体こそが「エネルギー転換」の最先端に位置しているということです。

これまで、消費する電力に対価を払っている消費者は、エネルギー転換の議論から排除されていました。しかし、「電力自由化」をめぐる議論とともに、電力会社の地域独占市場が崩れた後のエネルギー政策を地域から変えていこうという機運が生まれています。それは、エネルギー問題における「国民主権」、言い換えれば、消費者がエネルギーを選ぶ権利をつかみ取ろうとする動きなのです。

自然エネルギーの導入を進めるデンマークやドイツなどでも、実際に転換の鍵《かぎ》を握っていたのは地方の自治体でした。私は、「電力システムの改革」を掲げる政府にも、以前から世田谷を「電力自由化のモデル地区に」と訴えています。

世田谷区の地図と何度にらめっこしてみても、規模の大きなエネルギー事業が可能となる土地はありません。ただ、北海道から沖縄まで世田谷区が交流している自治体は約40ほどになります。そうした自治体が自然エネルギー事業をおこしたら、そのグリーン電力を世田谷区の住民たちで買い取る。一大消費地だからこそ可能な取り組みだといえるでしょう。

東日本大震災直後、災害時相互応援協定を結んでいた自治体が迅速《じんそく》にかけつけるなど、自治体間の連携がいかに重要かは証明されたところです。「環境・エネルギー」関係の技術や商品の情報をテーブルの上にあげ、ともに知恵をしぼり、技術や商品を橋渡しできればと思います。エネルギー問題も災害対応と同じように、自治体の枠を越えた連携によって解決しようと考えているところです。

交流自治体との「友達の輪」

自然エネルギーの活用を広げていくにはどうしたらいいか。机上の空論ではなく、地に足の着いた取り組みを進める上で、私はふたつのポイントを掲げています。

ひとつは「地産地消」、もうひとつは「地域間連携」です。

地産地消といっても、88万の人口を抱える世田谷区には空き地が少なく、メガソーラーや大型の風車などを設置することは現実的ではありません。ただ、視点を変えれば、見える風景も変わってきます。

空から世田谷区を眺めると、屋根が連綿と続いているのです。

ひとつひとつの屋根は小さくても、世田谷の屋根をひとつのスペースと見なせば、「発電所」の役割が果たせるのではないか。そう考え、太陽光パネルの設置を後押しする制度を始めました。

屋根とエネルギーを合わせて「ヤネルギー」というコピーが生まれました。世田谷サービス公社が住民からの希望を募《つの》りながら「一括発注」の枠組みをつくることでパネル価格を抑え、太陽光発電の普及を加速させる仕組みです。

標準モデル（3・4キロワット）で122万5000円のところ、国から11万9000円、東京都から34万円の補助金を受けられることもあり、世田谷区内では実質負担額が76万6000円。これまでの価格を大幅に引き下げることができました（2012年の価格。翌年から国の補助金も減り、都の補助金もなくなったことで、その後の負担額は増えている）。

2012年夏に募集を始めたところ、問い合わせが2000件、見積もり希望が600件にのぼりました。ただ単に「脱原発」と口にするだけでなく、具体的に自然エネルギーへの転換を図るにはどうしたらいいのか。そんな思いを持つ人々に、ひとつの解決策と映ったのかも知れません。

ただ、実際に見積りをとって設置を検討してみると、家屋の強度が不十分だったり、屋根の向きや隣接するマンションなどの影響で日当たりが悪かったりするため、断念せざるをえない人も少なくありませんでした。結果として、この年に太陽光パネルを設置できたのは約200軒にとどまりました。

たとえ、屋根が活用できなくても、自然エネルギーを生みだす道はほかにもあります。

「環境配慮型リノベーション助成制度」を設ける

自然エネルギーを活用してみたいと考えている区民を対象として、「太陽熱温水器」を設置したり、外断熱やペアガラスなどを採り入れたりする場合に助成金を出す「環境配慮型住宅リノベーション助成制度」を設けることにしました。工事を請け負う地元の工務店の仕事にもつながり、エコリフォームの技術講習会などが活発に開かれるようにもなりました。

じつは、環境エネルギー問題に取り組みながら、気づいたことがありました。世田谷区にあるのは「屋根」や「土地」だけではない。長い年月をへてつくりあげてきた交流自治体とのつながりという財産があるではないか、と。

毎年夏になると、「せたがやふるさと区民まつり」が馬事公苑で開かれます。このイベントでは、世田谷区と交流のある約40あまりの自治体がそれぞれ特産物を並べたブースを出し、なかには、首長が店頭に立って「売り子」をつとめます。宮古島市の下地敏彦市長は2011年、2日間で500キログラムのマンゴーを売ったそうです。

私はこうした「友達」とのつながりを生かすことが自然エネルギー普及のもうひとつの柱になる、と考えました。世田谷区が情報・技術・人材のステーションになり、全国各地に広がる交流自治体と自然エネルギーの事業をつなげていければ、大きなうねりを生みだせるのではないでしょうか。


2013年8月3日と4日に「せたがやふるさと区民まつり」が開かれ、2日間にわたって33万人が来場しました。「ふるさと物産市」はたくさんの区民でにぎわい各地の特産はとても人気です。そのなかで、交流のある自治体のうち、15人の市町村長（含代理）などが顔をそろえていただき、「ふるさと区民まつり首長懇談会」をひらきました。

北から順番に、青森県西目屋村《にしめやむら》・関和典村長、岩手県八幡平市《はちまんたいし》・田村正彦市長、岩泉町・橋場覚《さとる》副町長、秋田県横手市・鈴木信好副市長、山形県舟形町《ふながたまち》・高橋剛総務課長、福島県本宮市・高松義行《ぎぎょう》市長、西会津町《にしあいづまち》・伊藤勝町長、群馬県川場村・関清村長、埼玉県熊谷市・嶋野正史副市長、新潟県十日町市・関口芳史《よしふみ》市長、長野県豊丘村・菅沼康臣副村

長、島根県隠岐《おき》の島町《しまちょう》・池田高世偉《こうせい》副町長、香川県土庄町《とのしょうちょう》・岡田好平町長、熊本県熊本市・高田晋《すすむ》副市長、沖縄県宮古島市・下地《しもじ》敏彦市長のみなさんです。

この「首長懇談会」では、私がまず、神奈川県三浦市の区有地に太陽光発電所を建設していることを紹介しました。その上で、「交流自治体のエネルギー事業で生まれた電気を、PPS（新電力）を通じて、88万の人口を抱える世田谷区が購入することができれば」と語りかけました。

小さくとも確実な一歩を刻んでいきたいとの思いを伝えたのです。

交流自治体の自然エネルギー事業

すると、さまざまなエネルギー事業の取り組みが報告されました。

「日本初の商業用の地熱発電所が運転を始めて40年目を迎えている。さらに事業化に向けた努力をしているが、東北電力は受電する能力がなく、逆に市が多額の設備投資を求められている。国の政策で進めているのに、事業者が壁となっている」（八幡平市）

「間伐材を使った木質バイオマス発電や、川を使った小水力発電を2年後には開始した

い」（川場村）

「温泉の熱を利用するバイナリー発電に取り組み、キノコを栽培した後の廃菌床の木材を使ったペレットも生産している。こうして削減した二酸化炭素（CO_2）の排出権をソニー株式会社に売却している」（十日町市）

「公共施設の屋根貸し事業で、市は使用料収入を得ている。また、調整池の土地を太陽光発電用地としても貸し出している」（熊谷市）

「来間島《くりま》で88世帯の屋根を一軒2万円で借り、太陽光発電で島の電力をまかなう事業で年間2000万円の収益をあげている。4000世帯分の電力をまかなうメガソーラーも設置。2人乗りソーラーカーを開発していてレンタカーとして使いたい」（宮古島市）

毎年開かれている夏まつりで十数人の全国の市長村長や代理者が集うのも、長年続いている伝統です。そこで、エネルギー問題という切り口で語りあうと、これだけの取り組みが出てくることに感動しました。都市と地方のつながりを深くまた重層化していくことが「地域間連携」の魅力です。

たとえば、世田谷区と1981年に縁組協定（区民健康村相互協力に関する協定）を結んで30年以上になる群馬県川場村。３・11の原発事故の影響を大きく受けた地域で、森林の間伐材を利用したバイオ発電の準備や川の水を利用した小水力発電プロジェクトを進めようとしているそうです。

関清村長は当時から「エネルギー転換を進めていきたい」との意向を示していました。「都市の住民が共同で出資して小水力発電所をつくり、生みだした電気をＰＰＳ（新電力）に売って資金を循環させるような仕組みができないだろうか」

そんな地域間連携の構想をもちかけてみると、関村長は身を乗り出して聞いてくれました。

ひとつでも成功例をつくることができれば、さまざまな形で全国の交流自治体との連携が広がり、自然エネルギー普及の突破口になるように思うのです。

地域からエネルギー革命を

富士山が世界遺産に登録されたというニュースが流れた2013年6月23日、私は静岡県浜松市に向かいました。駅前で開催されるフリーコンサートのステージで、「地域からエネルギー革命を」と題したミニシンポジウムに出席するためです。きっかけは意外な人からの電話でした。『リンダ リンダ』や『人にやさしく』等のヒット曲で80年代後半にブレイクしたロックバンド「ザ・ブルーハーツ」のドラマー、梶原徹也さんでした。

「知り合いが浜松でフリーコンサートをやるので、ぜひ来てほしい」

久しぶりだなあ。私は記憶をたどります。20代の私は、教育問題をテーマにジャーナリストとして活動しながら、ロックを中心とした自主コンサートを年に数本は企画していました。

1985年、私は「オルタナティブ音楽祭」という若手バンド向けのコンテストを企画しました。テープによる予選をへて、ライブで小室等さんらに審査してもらうのです。この時「最優秀賞」を受賞したのが結成して間もないザ・ブルーハーツでした。エネルギーの塊《かたまり》のようなステージはいまも記憶に焼きついています。

以来、バンドのメンバーと交流が始まりました。とくに、1986年6月に喜納昌吉&チャンプルーズをメインに、私を責任者として若者たちと企画した、日比谷野外音楽堂での自主コンサートでは、ザ・ブルーハーツのステージが大きな評判を呼びました。やがて、彼らはメジャー・デビューしていきます。ザ・ブルーハーツのドラマーだった梶原さんは、浜松駅前で行われてきたフリーコンサートに、私に久しぶりに誘いの電話をくれたというわけでした。

浜松駅前のステージに立ってエネルギー転換を語る

梶原さんは、フリーコンサートで、私をこんなふうに紹介してくれました。

「以前、不登校や引きこもりなど、悩んでいる若者たちを集めるフリースペースを主宰されている頃に知り合いました。現在は世田谷区長です」

私は、浜松駅前のステージに立って人々に向けて、話し始めました。

「3・11の東日本大震災と原発事故があったから、私は区長になりました。それでも当初は、東京23区の自治体が、国のエネルギー政策に対して何かできるのかという疑問の声の方が大きかったんです」

実際、応援してくれる人からも「気持ちはわかるけど、エネルギー政策と地域行政との関係は薄いのでは」と言われていました。

「ところが、実際に世田谷区役所で使用している電力をPPS（新電力）に切り換えてみると、メディアをはじめ大きな反響がありました。ほとんど知られていなかったPPSは一挙に有名になり、数週間のうちに次々と導入を決める自治体が出てきました」

自治体による発信力を感じた場面でした。

「一般家庭への電力自由化も、電気事業法改正によって制度化されようとしています。いまは大口契約に限られているのが、一般家庭への売却も認められ、電気の購入先を選べるようになるのです。しかし、東京電力や中部電力以外に電気を売ってくれる会社がなければ、地域独占は何も変わりません」

そこで、世田谷区はモデル地域となって電力の地域独占に風穴をあけたいと考えていることや、交流のある自治体と結んで自然エネルギーをＰＰＳ（新電力）を通して買い取り、消費地である都市に供給するモデルをつくろうと考えていることなどを話しました。

「原発は怖いけれど、原発が止まると産業空洞化が進むので困ると考えている人が多いと聞きます。でも、企業のもつ高度な技術の集積がある地域では、行政と企業、市民、技術者が結んで地域協議会をつくり、そこでエネルギー転換というビジネスチャンスを生かした、新しいプロジェクトを産み出していったらいかがでしょうか」

たとえば、長野県飯田市では、牧野光朗《みつお》市長が音頭を取って、市内の精密機械工業の技術を結集して60万円以下という低価格の「小水力発電機」を創り出しました。すばらしい着想と地域で生きる中小企業ネットワークの成果です。

「そう考えると、自動車関連産業など、裾野の広いものづくりの技術を持つ企業群に加え、山も川も海もある浜松市ほど、大きな可能性に恵まれているところはないと思います」

全国の都市、自治体の個性や特色はそれぞれです。他の地域にない特性を生かしてエネルギーの転換をはかる知恵の協同を通して、原発を当然としてきた社会から一日も早く転換したいと思います。

ソーラー水素で燃料電池車が走る日

燃料電池車（FCV）の発売が2015年に迫り、社会的な関心も高まっています。日本のみならず世界にとって、エネルギー問題は避けて通ることのできない課題であり、いま私たちの目の前にあるわずかな情報や技術が、10年後には大きな進化を遂げて世界を変えていく可能性があります。

水素を充填《じゅうてん》する燃料電池車は、大気汚染の原因ともなる排気ガスを出しません。排出されるのは水だけということから究極のエコカーとも呼ばれています。また、日本の技術水準は世界トップレベルにあり、これまでの長い研究開発期間を通して、次世代エネルギーとして注目を集めてきました。

実験用の燃料電池車は1億円以上の高額なものでしたが、報道によると20分の1の500万円台でいよいよ一般市場に登場する日が近づいています。日本で普及が早まれば、化石燃料の輸入に頼るエネルギー地図が大きく塗り替えられる可能性があります。

２０１３年11月12日、私は埼玉県庁を訪れました。前から気になっていた「ソーラー水素ステーション」の現場を見ることが目的でした。２０１２年春、環境省の委託を受けて埼玉県とホンダが共同の実証実験を始めています。太陽光発電で水を電気分解し、水素を取り出してストックするシステムをつくって、CO_2（二酸化炭素）を排出しないという意欲的な試みです。

ソーラー水素ステーション自体は思った以上に小さなものでした。高圧水電解システムと水素を充填する機器がふたつ並び、後ろ側はコンクリートの壁で取り囲まれています。水素タンクを設置する場所にはコンクリートの壁を設置したり、６メートル以内に構造物を設置できない等の規制があるためですが、規制緩和が検討されていると聞きました。

燃料電池車『ＦＣＸクラリティ』はデザインも仕上げも手づくりで、１台だけ製作された特注車でかなり高額な車両ですが、今後は市場投入にむけて新しい車を準備し、販売する計画といいます。見た目は普通車と変わりありませんが、水素タンクには４キログラムの水素が充填でき、６２０キロメートルの走行が可能です。埼玉県では知事公用車として使用してきたほか、一般の職員も使っています。

一方、埼玉県庁のソーラー水素ステーションには10・5キロワットの太陽光パネルを設置し、最大で1日1・5キログラムの水素を製造しますが、計算すると『FCXクラリティ』はその水素で232キロメートル程度走行できるため、十分に水素供給は足りている状態だと聞きました。

もうひとつの特色は、車のトランクに入る可搬式のインバーターボックスを使用して、9キロワットを7時間供給できるという機能です。

これは一般家庭の約6日分の電力使用量にあたります。「イベント等の電源として積極的に利用しています」（埼玉県環境部環境政策課）とのこと、野外イベントやステージ電源として活用されています。

2015年の燃料電池車の発売と水素ステーション

この実験が始まった時に、「将来は家庭用水素供給装置としての普及をめざし」という一文がリリース（公開情報）の中にありました。

埼玉県庁のソーラー水素ステーション

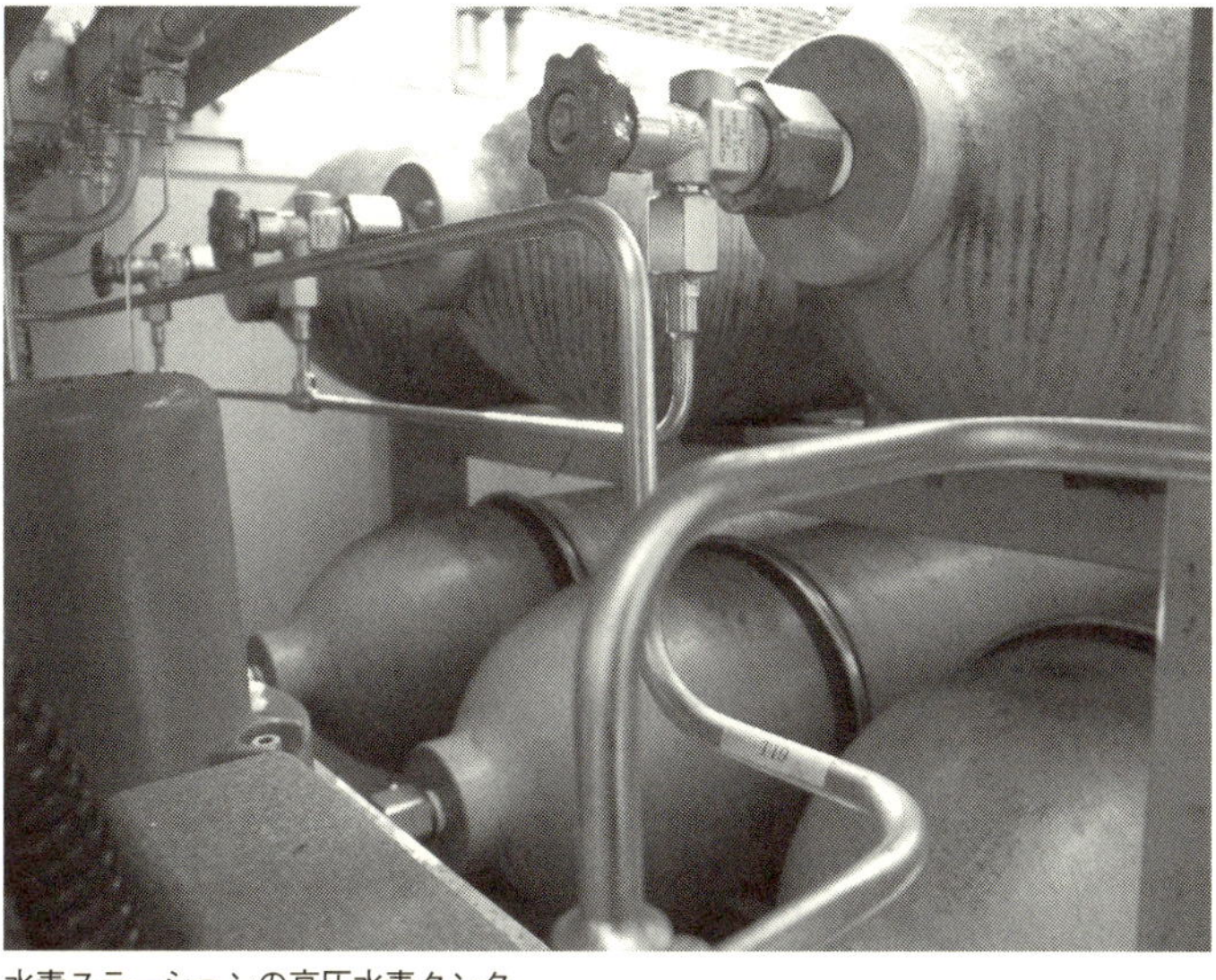

水素ステーションの高圧水素タンク

ホンダによれば、独自技術である高圧水電解システムにより、水素の製造と圧縮を一体化することでコンプレッサー（圧縮装置）が不要となり、小型・低騒音化を実現。将来は家庭用水素供給装置としての普及をめざし、水素エネルギーの効率的な管理と有効活用の可能性を検証していく、といいます。

東日本大震災以来、3～4キロワット分の太陽光パネルを屋根に搭載している家庭が増えました。水素をめぐる現在の法規制が緩和されることが前提ですが、屋根の上のソーラーを使ってこの高圧水電解システムが小型化され、量産されれば、一般家庭や集合住宅でも太陽光発電の電気を利用して電気分解で水素が製造され、燃料電池車または家庭用燃料電池に充填《じゅうてん》する日が来るかもしれないと想像してみました。送電線から電気が供給される時代から、家庭内発電所がそれぞれ稼働する時代になるかもしれないと。

2013年夏に訪れたデンマークのロラン島は、島で使う電力の5倍の発電量を持つ「風車の島」でした。その様子はこの後に詳しくふれますが、この風車の余剰電力という再生可能エネルギーで、水を電気分解して水素をつくり出し、燃料電池で家庭内発電所を立ち上げるという実験をしていました。製造した水素をガス管のような水素管で地域供給するという取り組みです。

ほかにも、水素をめぐる目立った動きがあります。川崎市は昨年、千代田化工建設株式会社と水素社会の実現をめざして包括協定を結びました。世界初の水素発電所をはじめ、製造した水素を安全に輸送することのできる技術の開発など、時代の先端を行くものです。川崎市は多摩川をはさんで世田谷区と隣同士です。

世田谷区は電力自由化時代をみすえて、全国の多くの交流自治体と連携して、再生可能エネルギーの提供を受けるネットワークづくりを進めています。住宅都市という特性から、小規模分散型のエネルギー源を活用していきたいと考えています。さらに、再生可能エネルギーで水を電気分解して水素を取り出して活用する、家庭内発電所や燃料電池車の稼働も視野に入れています。

私たちの社会は、自治体は、企業は、市民はどんな制度を描けるのか。再生可能エネルギーとのマッチングの実現可能性はどうなのか。互いの垣根を越えて大いに語りたいと思います。新しい時代を、これまでになかった発想でインスパイア（希望や活気を与える）する場をこれからも提供していこうと考えています。

2013年デンマークからの報告

自然エネルギーで収益を生む風車の島

島で使う電力の5倍を生み出す世界でもっとも自然エネルギーの活用が進んでいる、と言われる島があります。デンマークの首都コペンハーゲンから南約150キロにあるロラン島です。

ドイツの近くにあり、まもなくヨーロッパ大陸とトンネルで結ばれる予定です。人口約6万5000人で、広さは沖縄本島とほぼ同じ。主要産業は農業と自然エネルギー。島には450基を超える風車が建ち並んでまわっています。

2013年4月下旬、この島の自然エネルギーの立役者とされる人にお会いする機会がありました。日本を訪れていたロラン市議会議員のレオ・クリステンセンさん。彼もまた、世田谷区の環境エネルギー政策への挑戦に興味を持っているとのことでした。また、通訳及びその後のコーディネートをお願いすることになる、ロラン島在住のニールセン北村朋子さんも一緒でした。

クリステンセンさんは一気にこの間の経過を語ります。ロラン島は1960年代には造船業で栄えたものの、国際競争の激化による造船業の海外移転で暗転。市財政も慢性赤字

で沈滞した時期が続いていました。

「1979年からの7年間で、造船所が次々と閉鎖に追い込まれました。それにともなって鉄鋼や食品産業も衰退し、その関連企業も倒れてしまったのです。失業率は上昇を続け、エンジニアや管理職等、インテリ層も島に見切りをつけて離れていきました。以来長きにわたって、逆境の時期を迎えることになったのです。出口のないトンネルは絶望の底へと続いているようでした」

とクリステンセンさん。

新しいビジョンを持った市長のリーダーシップ

長い沈滞した時期からの転機は、1998年フレミング・ボネ・ハンセン市長が誕生したことでした（1998年〜2006年在任、

2010年没）。

その新市長から公共事業部長として招かれたのがクリステンセンさんでした。着任早々に、環境エネルギー分野への産業構造の転換をはかるため、風車を製造するヴェスタス社を誘致しました。同社は、かつての造船工場の跡地で風車製造の工場を立ち上げていきます。クリステンセンさんも大車輪で働きました。

「1998年、ロラン島は目覚めます。きっかけは、新しいビジョンを持った市長の就任でした。新しいビジョンとは、エネルギーと環境の分野においてもっとも持続可能な自治体をめざそう、というものでした。この勇気ある政治的リーダーシップと、積極的に行動しようとする市民がいたことで、いままでは、自分たちの使う電力の5倍のエネルギーを風力で生み出すことができるようになったのです。

現在、450基の風車がまわっていて、発電による収入は年間300億円で、農業収入の500億円に近づいています。余剰分は首都のコペンハーゲンのほか、ドイツ、スウェーデン、ノルウェーなど他国にも売電しています」

と語るクリステンセンさんによれば、ロラン島でこれだけ風車が普及したのにはいくつかの要因があったそうです。まず、土地が平らで一定の方向に安定して風が吹くという地理的な条件が整っていたこと。農地が多く、風車を建てる場所がたくさんあったこと。

さらに、島の造船業が廃《すた》れたことで、新しい産業を求めていた、というのです。

風車の約半分が住民共同出資の市民風車

「島にある風車の約半分は、住民が共同で出資して運営している市民風車です。すでに出資分は回収して、配当を受けています」

現在では、1基当たりの建設費用は8000万円から1億円ほどかかるものの、売電収入が安定していることから、「風車は収入になる」という意識が農家にも定着をしているといいます。

島は造船から環境エネルギーへの産業転換を成功させたのです。文句なく、自然エネルギー活用による地域活性化の成功事例だと思ったのですが、クリステンセンさんは意外な言葉を口にしました。

「私たちの失敗から日本も学んでほしいのです」

聞けば、自然エネルギーとはいっても、景気の影響からまったく自由というわけにはいかないのだそうです。2008年のリーマン・ショックで経済が減速し、風車の価格競争、とくに中国との競争も激しくなり、2010年にはヴェスタス社の風車工場の閉鎖が決まりました。これにより、造船業の撤退後、自然エネルギーへの転換で22%から2・8%まで下がった失業率がふたたび、8%台にあがってしまったといいます。

「私たちはエネルギー事業の中でも電力と熱に特化して取り組んできましたが、もっと交通や流通などのエネルギーの使い方の改革と一体的にやるべきでした。つまり、電気をつくりだすだけでなく、つくりだした電気を効率的に使うことも同時に考えるべきだったと反省しています」

そこで、ロラン島ではいま、風力一辺倒だった政策を見直し、エネルギー源の多様化に取りかかっているそうです。清掃工場や下水施設から「リン」を取り出すプロジェクトのほか、藻《も》からバイオケミカル製品、食品、飼料、美容健康食品などを生みだし、ガスやオイルとして石油に替わるエネルギーとするための総合的な技術開発も始まったといいます。

話を聞いていくなかで、これは面白いと思ったのは「水素タウン実証実験」の話でした。クリステンセンさんが続けます。

「たとえば『R水素』プロジェクト。Rは「Renewable（再生可能）」の頭文字です。風力などの再生可能エネルギーによって水を電気分解して取り出した水素を、パイプラインで各家庭に送り、そこに設置されている水素ユニットを通して熱や電気を取り出すというものです。現在、35軒の家庭で実証実験が進められています。この実験は将来のスマートグリッド（次世代送電網）の構築に役立つと期待されています」

クリステンセンさんと2013年4月に会い、3カ月後の7月には環境シンポジウムで世田谷区に招き、さらに夏には、私自身がロラン島を訪問することになりました。

区長としての公務を離れ、2013年8月下旬に、プライベートでデンマークに出かけました。

チェルノブイリ事故の前年デンマークは原発導入を断念

ロラン島は美しい光にあふれ、空に広がる雲の間に溶け込むように風車があちこちでま

オンセヴィ気候パークから見るかつて原発建設予定地の風車群

わっています。風車は半数が農場主の個人所有か、何人かの人たちが出資をして運営しているものだそうです。

まず、案内されたのはオンセヴィ気候パークでした。ここは、特別な場所です。石油ショック後に、デンマークで「原発建設予定地」となっていたのですが、建設をめぐる激しい国民的な議論の末、1985年、チェルノブイリ原発事故が起きる前年に計画は中止されました。先見の明ここにありと感じます。国をあげての議論となったかつての原発予定地が、今や風車が並ぶ象徴的な場となっています。

それ以降、デンマークは原発に頼らないエネルギー政策を進めることになりました。政権交代はあっても、国の基本政策は一度もブレていません。

いまや「2020年までに、供給電力の半分を風力発電にする」（気候エネルギー建設省モーテン・ベック次官補）という意欲的な目標を掲げるデンマーク。自然エネルギー大国の出発点として象徴的な場所なのです。

オンセヴィ気候パーク付近は、かつて激しい暴風雨による浸水被害が発生した場所で、被害防止のために堤防工事が行われました。その堤防の内側に、「藻《も》の培養実験」の池がつくられていました。クリステンセンさんの説明に力が入ります。

「藻には素晴らしい繁殖力があり、豊富な種類があります。私たちは、ロラン島に存在する藻を採取して分析し、新たな資源とする研究をしています」

次に訪れた森の中の研究施設、グリーンセ

家畜の糞尿を輸送する大型タンクローリー。帰りには残滓を肥料用に回収

ンターには、藻の培養、分析等の研究プロジェクトが動いています。藻から、医薬品や化粧品、食糧や飼料、バイオ化学製品、燃料、バイオ繊維等を生産する実験が行われています。

さらに、ケティング・バイオガス熱供給施設では、家畜の糞尿《ふんにょう》や有機物から発生するガスを取り出して、熱供給と発電を行っています。ひと言でいうなら「糞尿発電所」で、発電施設のタービンが大きな音を立ててまわっているのに力強さを感じました。

冬の厳しいデンマークでは、どの地域にも「地域熱供給」が古くから行われてきたそうです。大型のタンクローリー車が、契約している農家から家畜の糞尿を集めます。70℃で1時間程度加熱して、殺菌します。その後に発酵タンクに入れ、糖分やアルコールをブレンドしながら条件を整えるのです。

こうして発生したガスと、分解された残りの養分を分離します。ガスはそのまま熱供給と発電にまわり、残滓《ざんし》分は糞尿を運んできた車両が汲み上げていきます。農家にとっては、臭気の少ない、いい肥料になるといいます。

「この工場から発生する残滓は、養分が多く含まれています。この一部を培養して、藻を増殖させ、さらに高度に再資源化するプロジェクトにも取り組んでいます」

とクリステンセンさん。

約2000軒の地域熱供給を支えながら発電も続けている施設では、熱供給によって1000万DKK《デンマーククローネ》（約1億7600万円）の収益があるそうです。

ロラン島も岐路
日本からも閣僚の視察続く

風車の島として大成功をおさめたかに見えるロラン島は、岐路に立っています。港町ナクスコウで、かつての閉鎖された造船所跡に進出してきたデンマークの風車メーカー「ヴェスタス」が、撤退してしまうという事態に直面しているからです。

２０１３年8月24日午後、この風車工場跡に２００人のナクスコウ市民が手に椅子を持って集まってきました。地域の再活性化を実現しようと、市民グループが呼びかけたものです。

日本からロラン島の様子を見に来ているということで私も紹介されて、短いスピーチをしました。

藻を新たな資源とする研究が…手前は筆者、奥はクリステンセンさん

「原発予定地だったところに、たくさんの風車がまわっている光景を見て感銘を受けました。自然エネルギーを活用するロラン島ですが、誰かにおまかせするのではない市民の力を各所で感じました。小学校で省エネと熱効率について熱心に学んでいる子どもたちや、風車の余剰電力で水を電気分解し、取り出した水素を家庭用燃料電池に供給する水素タウンの実証試験に積極的に参加している81歳の男性……。さらには、市民が廃棄物を持ち寄って徹底的に分別作業をしているリサイクルセンターなど、市民の積極性がこの島を支えていると感じました。現在、ナクスコウの街は大きな困難に直面していると聞いていますが、きっとみなさんの力で乗り越えられると感じました」

ニールセン北村朋子さんにデンマーク語で通訳してもらいましたが、言葉の壁を超えて「市民参加のまちづくり」に共感した点は伝わったのだと思います。大きな拍手をもらいました。

私たちの旅は、ロラン島で子育てをしながら環境政策をレポートするニールセン北村朋子さんにコーディネートしてもらいました。島の東西南北を駆け回る内容の濃い視察でしたが、彼女はひっきりなしに打ち合わせの電話を受けていました。

「9月に入ってから根本匠《たくみ》復興大臣、その後に甘利明経済再生大臣、さらに新藤義孝総務大臣もロラン島を訪問されることになっていて、連絡がひっきりなしなんです」

わずかな期間に閣僚3人とは驚きです。首都コペンハーゲンから車で2時間半、自然エネルギー活用の先端地であるロラン島に、日本からの注目が集まっているのは間違いないようです。

化石燃料を使った暖房器具を使えなくなるデンマーク

デンマークでは、低炭素社会に転換するために、化石燃料を使った暖房器具を家庭では使わない方向となっています。地域熱供給事業が定着しているため、水素も地域供給システムの構築をめざしているといいます。日本でも3・11後、家庭用燃料電池は普及のテンポを早めているだけに、「地域供給システム」は注目に値すると思いました。

さらに、コペンハーゲンに隣接するフレデリクスベア市の供給公社も訪ねました。清掃、水道、地域暖房、ガスといった事業を一手に担う公社で、バウアン・ベックさん（CEO）ら幹部から2時間にわたる説明を受けました。

3年前の2011年に、かつてない集中豪雨によって市内が浸水し、10億ユーロ（約1400億円）に及ぶ被害を受けたそうです。そのため、現在は雨水・排水処理システムの開発に力を入れながら、温暖化を受けて「地域冷房供給事業」の準備を進めているということです。

住民が多く、電気使用量も大きいという点では世田谷区とも共通しており、農村部や地方で生まれる風力やバイオマス等のエネルギーを利用しての地域間連携をハイテンポで進めているそうです。

ロラン島にいまから約140年前に建てら

ヴィジュアル気候センター外観は「科学の地球儀（SOS）」

れたという砂糖工場は、1996年で操業を停止してから長い間、放置されていたといいます。

この大きな工場は見事にリノベーションされ、「ヴィジュアル気候センター」としてよみがえりました。そこに設置されているのは「科学の地球儀（Science on a sphere）」と呼ばれる巨大な地球儀です。アメリカの海洋大気局（NOAA）や航空宇宙局（NASA）の最新のデータが反映されています。

世界に100カ所ほどしかなく、欧州にも7カ所。北欧には、このロラン島にあるだけです。

海水温度の上昇やウミガメの産卵数、地球全体でハリケーンや台風が同時に発生していることのほか、東日本大震災の津波をとらえた画像や福島第一原発からの事故後の地球全体への放射性物質の拡散状況にも息を飲みました。

　このヴィジュアル気候センターの巨大地球儀の存在は、ロラン島の子どもたちにどんな影響を与えているのでしょうか。


　今や「幸福度世界一」とも言われるデンマーク。なかでも、見渡す限り田園風景の広がるロラン島は、その象徴かもしれません。

　夕方4時になると人びとは仕事を終え、帰路につきます。付加価値税をはじめ税負担が重いかわりに、社会保障への信頼と安心感があります。


　ロラン島で見られる風車は農家のものか、共同経営によるものです。農家は5000万円を超えるローンを10年あまりで返済し、メンテナンス費用をのぞいた副収入を得られている、という話を多く聞きました。

　風車の大型化に伴って投資金額も膨《ふく》らむことから、何人かでお金を出し合って風車を運営する共同所有も目立ってきたそうです。先に紹介した地域熱供給や糞尿発電所もそもそもは、地域住民が協同組合として設立・運営してきたものです。

　みんなで汗をかいて、力をあわせて、分かち合う。自己の利害を優先し、他者の失敗に手をさしのべず、どこまでも利益を追及するかのような生き方とは対極に見えます。

リサイクルセンターで見た「幸福度」の根っこ

「ぜひ、見てもらいたい場所がある」

　案内役のクリステンセンさんが連れていっ

リサイクルセンター

てくれたのがリサイクルセンターでした。夕方になると、何台もの車が列をなして構内に入ってきます。

そこには、まだ空の高い位置にある8月の太陽を浴びながら、黙々と作業する市民たちの姿がありました。

廃棄物が満載されたカーゴで、木材、ガラス、陶器、プラスチック、鉄、アルミなどを分別しながらボックスに入れるのです。大きな家具や土壌などは、必要とする人が持ち帰ることのできる仕組みもありました。

デンマークでは、朝8時から夕方4時まで仕事をすると、家に戻って庭仕事をしたり、DIYで改装を手がけたり。だから、リサイクルセンターに自分で廃棄物を持ってくるのも自然なことだというのです。

行政に依存しすぎることなく、自分ででき

ることは自分でやる。そんな気風は、風車の運営からリサイクルまで通じているように感じました。ここが「幸福度」の根っこにもなっているのでしょう。

そうした価値観はどのように育まれているのか。私は教育の現場にも足を運びました。

1950年代にロラン島でデンマークで生まれた「森の幼稚園」はロラン島でも人気が高く、25人の子どもたちが通っています。森に囲まれて幼稚園の施設があるのではなく、自然の森のあちこちに子どもたちの遊具や小屋やブランコや、作業場があるのです。

女の子もスイスイと木を登ったり、ターザンごっこで遊んだり、自分の身体能力にてらして何が危険なのかを身体で覚え、自分の頭で考えるのです。

森の幼稚園では自由に子どもたちが遊びまわる

子どもたちは、先生がボストンバッグに手製の人形と絵を詰め込んだ「お話の箱」を聞くのが大好きです。人形つきの立体紙芝居といえばいいでしょうか。

イマジネーション豊かで創造的、身体能力も鍛《きた》えられた元気な子どもたちが巣立っていきます。ここでは、小学校に進学する前の予習などはありません。

次に、「フォルケスコーレ」と呼ばれる、6歳から16歳までの子どもが通う学校も訪れました。

まず、5年生の子どもたちの教室に案内してもらうと、ちょうど「環境」の授業の最中でした。手作りの風車を扇風機で回しながら、どんな羽根が回りやすいのかを実験しています。

森の幼稚園、ブランコで遊ぶ子どもたち

風力発電の仕組みを学ぶデンマーク・ロラン島の小学生

日本ならクラス全員が一緒に同じことをやっていますが、ここでは、3〜4人ごとに、それぞれ違う課題に取り組んでいます。レモンやじゃがいもの電気抵抗を調べたり、スマートメーターを使って電気使用量を測って省エネに取り組んだり、コンピューターの教育ソフトでクイズを解いたり、とさまざまです。

3年生のクラスでは、「省エネ」をテーマとした授業が進められていました。先生は、学校の校務員さんです。毎日、学校ではどのぐらいの水が消費されるのか――。

「トイレを使った後、『大』は6リットルを使うんだ。『小』は3リットル、ちちんと節約すると、全体では大きな効果を生むんだよ」

そう語りかけながら、子どもたちとのやり

とりを重ねていました。

先に紹介したロラン島の「科学の地球儀」に、実際にフォルスコーレの子どもたちが行くのは年1回ですが、気候変動の様子を手にとるように見ることができるので強い印象を受けているようです。

教室にある大画面のスマートボードに接続してデータを送る準備をしているそうです。教室のスマートボードに、最新の環境データで裏打ちされた画像を呼び出すこともできるとしたら画期的です。

ロラン島は対岸のドイツとこれから海底トンネルで結ばれるといいます。

風車の活用を切り口とした自然エネルギーの導入では先進地域ですが、けっして現状に満足していません。次の時代の扉を開こうと不断の努力を続けていることに強い感銘を受けました。

何より時代は動いていく。私たちも次の時代の扉を開くことはできる、と実感しました。たとえ、紆余曲折があったとしても。

ロラン島に興味を持たれた方に一冊の本を紹介しておきます。今回の旅を案内していただいたニールセン・北村朋子さんのきれいな写真が入った本です。「ロラン島のエコ・チャレンジ――デンマーク発、100%自然エネルギーの島」（ニールセン北村朋子著・野草社刊）

6章

民主主義の熟成が時代の扉を開く

脱原発をめざす首長会議（2012年4月設立）

消えた「原発ゼロ」むしろ重要電源に

「原発ゼロ」が消えました。

特定秘密保護法で大揺れになった永田町近辺の嵐の空白を突くようにして、政府は2013年12月6日、「原発は重要なベース電源」と位置づける「エネルギー基本計画原案」を提示しました。

〈電源としての原子力について「安定供給、コスト低減、温暖化対策の観点から引き続き活用していく重要なベース電源（基礎的電力）」と位置づけ、「原子力規制委員会によって安全性が確認された原発は再稼働を推進」と明記した〉（ロイター通信）

経済産業省・総合資源エネルギー調査会・基本計画分科会はこの原案に「基盤となる」という文言を付け加え、原発は「基盤となる重要なベース電源」とされました。（201

4年4月11日に原発を「重要なベースロード電源」として安倍内閣は閣議決定)

前民主党政権が「国民的議論」やパブリックコメントをへて、「2030年代までに原発稼働ゼロ」を打ち出した「革新的エネルギー・環境戦略」は否定され、ふたたび原発依存へと大きく舵《かじ》を切ったのです。原子力規制委員会によって安全性が確認された原発の再稼働だけでなく、将来にわたる原発への依存度について「必要とされる規模を確保する」として、「原発新設」にさえ含みをもたせています。

朝日新聞社の2013年6月の世論調査では、経済成長のために原発を積極的に利用する方針の是非を聞いたところ、反対(59%)が賛成(27%)を上回りました。多くの人々はいまだに「原発の安全性」に強く疑問を抱いています。

そもそも、2012年夏、エネルギー戦略について9万件近く寄せられたパブリックコメントの87%が「原発ゼロ」シナリオを支持していました。このほか、さまざまな形で吸い上げられた国民の意見を反映してできたのが、「革新的エネルギー・環境戦略」での「2030年代での原発稼働ゼロ」という方向性だったはずです。

「原発ゼロ」をめざす脱原発首長会議

「エネルギー基本計画原案」が示された9日後、「脱原発をめざす首長会議」の勉強会が東京・品川で開かれ、約20人の首長が参加しました。ドイツにおける再生可能エネルギーの地域における活用方法などについての報告を聞いた後、今回の「エネルギー基本政策」で「原発を基盤となる重要なベース電源」としたことに反対する決議を採択しました。

〈私たちが指摘しなければならないのは、今回のエネルギー計画の策定が「国民的議論」を無視した形で進められ、異常なプロセスをとっていることである。（中略）私たちは住民の生命・財産を守るという首長の責務を果たすために、新しいエネルギー基本計画において原子力発電を「基盤となる重要なベース電源」と位置づけることに強く反対する。同時に、政府の責任において、一刻も早く「原発ゼロ」への確かな道筋を示すことを改めて求めるものである〉（「脱原発をめざす首長会議」の決議より）

この首長会議は2012年4月に設立され、全国の区市町村長64人・元首長29人、世話人３人の96人（２０１４年６月現在）が参加する横断的なネットワークです。北海道から鹿児島まで、原発立地県や隣接県から多くの首長が参加しています。首長会議の目的は、次の通りです。

・脱原発をめざす首長会議は住民の生命・財産を守る首長の責務を自覚し、安全な社会を実現するため原子力発電所をなくすことを目的とする。

・脱原発社会のために以下の方向性をめざす。

（１）新しい原発は作らない

（２）できるだけ早期に原発をゼロにするという方向性を持ち、多方面へ働きかける

自治体は、重大事故の時には住民の健康と安全に全ての責任を負っています。いざと言う時に、国や都道府県よりもはるかに早く、避難か否かの決断を求められ、正確な情報が提供されていなくとも住民への指示と説明から逃れられないのが自治体の長です。住民の命を直接、預かるその首長の声に、国や電力会社は耳を傾けるべきだと思います。

東京から「原発ゼロ」を進める必然性

2014年2月に行われた東京都知事選挙をふり返ります。細川護熙《もりひろ》元首相が立候補して、「原発ゼロ」を掲げる小泉純一郎元首相と連携して、「脱原発」を訴えるという展開に少なからぬ衝撃が広がりました。そんななか、さっそく「原発・エネルギー政策を地方選挙で争うべきでない」という牽制《けんせい》球が飛び交いました。

3年で何もかも忘れたのでしょうか。2011年3月11日、東日本大震災の甚大《じんだい》な被害とともに、東京電力福島第一原子力発電所の連続メルトダウンは何をもたらしたでしょう。このところ、官邸の内外から見た原発事故のドキュメントの本を続けて7〜8冊読みましたが、「最悪の事態として首都圏3000万人の避難」を念頭に置くという過酷事故が起きていたことは否定しようがありません。それほどまで深刻な状況へと向かっていたのです。

現実に、福島第一原発周辺の16万人の人たちは住み慣れた家を離れて、長期にわたって避難生活を送っています。事故直後から世田谷区にも400人近い方たちが長期滞在しています（2014年春、270人）。何より原発事故の現場は長期にわたる収束作業が続き、廃炉への道もイバラの道です。汚染水とのたたかいも続いています。福島第一原発事故は収束どころか、いまもなお「現在進行中」なのです。

このままでは、停止している原発が次々と再稼働のプロセスに入っていくのも時間の問題かもしれません。3・11以後、柏崎刈羽原発や浜岡原発が稼働していた時、福島第一原発事故に相当する重大事故（シビアアクシデント）に見舞われた場合、住民の健康と安全を守らなければならない自治体の責務を果たすことは不可能だと感じました。原発立地の周辺にしか避難計画すらありませんでした。

原発事故前は、国が「重大事故は起こらない」としているので、東京でも避難計画等を策定する必要はないと考えられてきたのです。しかし、日本列島は地震の活動期に入っています。強烈な揺れや噴火、津波等の自然災害に耐えうる安全対策は未了です。

にもかかわらず、再稼働のみならず原発を「重要なベース電源」と位置づけるということは、「福島第一原発のような重大事故は、さすがにもう起こらない」と考えることにした、ということでしょうか。原発の輸出を進めたい政府は、国内で原発を止めてしまっては、海外への売り込みに支障をきたすと判断しているのでしょうか。

原発の重大事故は、東京でも被害回避は困難

原発の危険性は、立地している県に限るものではないことは、私たちが「3・11」でイヤというほどに経験していたはずです。放射性物質の拡散は広範囲で、東京でもペットボトルの水を配布するという事態が起きました。世田谷区では空気中の放射線量も繰り返し測定し、給食の放射性物質の検査をいまも継続しています。

原発の重大事故時の影響を考えた時、東京もまた日本列島のどこでも、被害を回避することは困難です。チェルノブイリでも福島第一でも、県境はおろか、場合によっては国境さえ越えてしまうのです。なにより、東京は日本で最大の電力消費地でもあるのです。

私は、地方自治体の現場からエネルギー問題に取り組んできました。当初こそ「それは国政の課題で基礎自治体のやることではない」という声もありましたが、現在は「エネルギー問題は地方自治体の現場から変えるしか道はない」と実感しています。

選べない「巨大システム」の時代の終わり

２０１３年の夏、東京23区内で１１５人の方が室内で熱中症にかかって亡くなりました。その多くが高齢者で、エアコンがないか、壊《こわ》れているか、あっても使用していない方でした（東京都監察医務院熱中症死亡者の状況）。

７・８月の２カ月間で世田谷区でも９人の方が亡くなりました。そこで、犠牲者を減らすために、一人暮らしの高齢者が室内で「熱中症の危険度」を確認できる紙の温度計を配ったり、猛暑時に涼しいところでみんなですごす「ＣＯＯＬ《クール》 ＳＨＡＲＥ《シェア》」をすすめています。

高度経済成長をへて、成長があたりまえだった時代は終わり、人口減少社会に転じています。地域では高齢化が一層進み、行政への需要が増す一方で財源は限られる、という時代を迎えています。しかも、かつてあった「家族」のかたちは劇的に変わりました。一人暮らしが増えて、日常あたりまえの挨拶や軽い会話すらない人々も大勢います。

そうした時代だからこそ、暮らしの場である地域コミュニティの中で、区民がお互いに助け合い、支えあい、さらに行政がそれを補完するという仕組みをつくろうと考えています。地域の見守りなどの緩《ゆる》やかな福祉サービスをはじめ、住民同士の顔の見える関係を生かした温かな地域コミュニティを再構築することが私たちの課題です。

高齢者福祉も、子育て支援も、大型施設中心の供給型から、地域に密着した小規模の場づくりによる住民参加型へとシフトしてきています。

大きなシステムを行政が構築して、住民はそこを選ぶ以外、選択肢がないという社会から、地域の実情にあわせた参加と協働の社会へと変われるかどうかがポイントで、エネルギーの問題もまさに同一です。

2011年の東日本大震災と福島第一原子力発電所事故は、私たちに大きな衝撃を与えました。これまでの社会で常識とされた科学技術に対する「安全」や「信頼」は瓦解《がかい》し、「原子力ムラ」の論理をふりまわす専門家の権威も失墜《しっつい》しました。「原発はクリーンエネルギー」と旗をふっていた文化人や評論家たちは一時的に声をひそめました。

事故直後のドキュメントを読み直してみると、「全電源喪失《そうしつ》」の事態に直面して、当時の国や経済産業省、原子力保安院、原子力安全委員会等がどれだけ判断停止に陥《おちい》っていたかがわかります。国や専門機関は、深刻な原発事故に遭遇《そうぐう》して、あまりに無力でした。

にもかかわらず、十分な事故原因の検証もしないまま、国は再稼働を進めようとしています。閣議決定を目前に控える国のエネルギー基本計画の中で、原発を「基盤となる重要なベースロード電源」とまで位置づけた経済産業省、そして安倍内閣。底流にあるのは、「原子力規制委員会の審査をパスすれば、3・11は繰り返されないだろう」という、根拠なき楽観主義に思えます。

経営のために再稼働にしがみつく電力会社と国

電力会社もまた、経営のために「再稼働」にしがみつこうとしています。「これから気をつけます。きっと大丈夫ですからやらせてください」というのが本音でしょう。福島第一原発事故を起こした東京電力に巨額の融資をしている銀行団も同じです。

かれらの価値軸は、コスト優先の経済効率です。電力会社が財務体質を改善するには、原発を稼働させるのが一番合理的だという考え方です。仮に重大事故のリスクが存在したとしても、「3・11ほどの事故を繰り返す確率は低い」ので検討するには及ばない。自治体の首長が「メルトダウンなどの重大事故時の避難計画を立てることができない」と指摘しても、「その危険性は低いのだから、とりあえず原発を稼働させながら考えましょう」という感覚です。

それは、3・11以前と何も変わっていない惰性《だせい》です。まさに漫然とした思考停止と巨大システム依存が3・11「東京電力福島第一原発事故」を招いたのです。事故前、「津波の襲来による電源喪失」を指摘する声に対して、国や原子力保安院、電力会社は「きわめて確率が低いので、想定する必要はなく、リスクとして排除していい」と考えていました。

いま再び、「世界一厳しい審査をクリアすれば、世界一安全な原発になる」として再稼働に突き進もうとしています。次の巨大地震が予想される地震列島で原発を動かすリスクをも、経営の論理が塗りつぶしてしまうのです。

原発事故は一度起きてしまったら、制御するのが困難で、放射能汚染が広がれば、人々は長期にわたって住み慣れた故郷を離れるしかなくなるのです。

私たちは、第二、第三の原発事故の恐怖を抱えながら暮らしたくありません。汚染された山河を元に戻す技術を持っていません。たとえ再稼働したとしても、全国の原発に残されている使用済み核燃料は増え続けるばかりです。

青森県六ケ所村の再処理工場は、トラブル続きでなかなか機能しないだけでなく、故障・事故続きの高速増殖炉もんじゅ（福井県）はガタガタで、巨費を投じてきた「核燃サイクル」の破綻《はたん》は明らかです。

原発の後始末、核のごみを未来の世代に押しつけないこと

私たちはすでに、途方もない時間と予算を必要とする核廃棄物という「負の遺産」を抱えています。ならば早く、原発という未熟な技術に見切りをつけて、いまだに見えてこない核廃棄物の最終処分までの工程（ロードマップ）を描き、人材と技術を「原発の後始末」に集中するべきではないでしょうか。

見せかけの経済効率を掲げて原発を再稼働させ、核のごみを増やし続けながら、積み残された課題を検討しましょうというのは、問題の先送りにほかなりません。怠惰《たいだ》と批判さ

れても仕方ないでしょう。解決策の見当たらない宿題を未来の世代に押しつけることこそ、「無責任」ではないでしょうか。

人口の集中する東京などの都市に住む人々が、事故の危険がある原子力発電所を福島や新潟などに建てて、当然のように電力の供給を求め、そして消費してきたのが、これまでの社会でした。そうした社会のあり方を問われたのが3・11だったはずです。

日常の暮らしの中に、原発という「巨大システム」を事故リスクとともに押しつけられる社会から引き返すとすれば、いまです。

4時間半の生《なま》討論　住民がつくるまちへ

行政のトップだからと言って、すべての実務に精通しているわけではありません。しかも区役所という組織の中にいると、「これまでにできていること」「これから実現しようとしていること」を聞くことはあっても、「いま、できていないこと」を耳にする機会はほとんどありません。よほどの事態や失敗でもない限り「制度が機能していない」「現状はあきらめるしかない」といった声を組織の中から拾うことはむずかしいのです。

そのため、私は毎朝、「区長へのメール」を開封して読むことから1日を始めています。ここには、区民からの具体的な訴えがダイレクトに飛び込んでくるのです。毎日10～20人のメールを読んで急いで対応すべきことが内容にあれば、すぐに指示を出します。また、もう少し事情や背景を知りたいという場合には説明を求めることにしています。さらに、「声なき声」に耳を澄ます。そこに進むべき道が示されるのだと信じて、心を砕《くだ》いているつもりです。

2013年5月12日、私が世田谷区で取り組んできた政策を検証する公開ミーティング（後援会である「保坂展人と元気印の会」主催）を開きました。区長選挙の時に掲げた「基本政策」のうち、就任後の2年間で何ができ、何ができていないのかを項目別にチェックしようという試みです。

情報公開・住民参加、区民の声に耳を傾ける

私自身は区長としての仕事でフル回転しているつもりですが、それでも「いったいどのように動いているのか見えない」といった声も聞こえてきます。ジャーナリスト時代からの習性で、「エネルギーシフト（電力自由化）」や「保育待機児童問題」など、焦点を定めたテーマを深掘りしていく仕事に情報発信が集中していて、「高齢者介護」「医療」といった重要なテーマがツイッターなどではあまり取り上げられていない、といった指摘を受けることがあります。現実には、88万都市のあらゆる課題に向きあい取り組んでいます。

ただし全体像が見えにくいのも事実です。そこで、徹底的に住民のみなさんと向き合い、政策について語り合ってみようと考えたのです。そのため、ミーティングの副題を「とも

に政策をつくる中間報告会」としました。

政治家の報告会といえば、最大で90分というのが相場です。そのうち、本人の報告は長くても30分程度。関係者の挨拶などが続き、終了というのが、ある種のパターンです。

しかし、今回は定石《じょうせき》の3倍、270分の時間をとることにしました。

人口が減少し、それにともなう自治体の財布も小さくなるなかで、行政の果たせる役割にはおのずと限りがあります。自治体のトップはひとり、人口は増え行政需要は拡大していく一方で、きびしく定員管理をしている職員のマンパワーもぎりぎりです。そのため、市民の力を借り、市民と力を合わせて問題に取り組まなければ、よりよい「まち」をつくっていくのは難しい時代です。

市民も、これまでのように行政にまかせたままで文句をいう「おまかせ民主主義」から脱し、みずからまちづくりに関わり、共有認識を持って仕事や役割も引き受ける「参加型民主主義」へと転換することが求められている。だからこそ、じっくりと向き合う場が重要だと考えたのです。

ミーティングで、私は「世田谷からのエネルギーシフト」や「被災地支援」をはじめ、

「保育待機児童問題」や「中・高校生の声」「若者支援」「空き家・空き室活用」など8つのテーマについて10分ずつ説明し、参加者から意見や質問を受けてやりとりを繰り返しました。私の報告が計80分、質疑や議論に計120分を費やし、発言した市民も30人ほどにのぼりました。

そのなかで、参加者から一方的な行政批判や個人的要望はほとんど出ませんでした。むしろ、「こうしたらどうか」という提案型の意見が多く飛び出したのが印象的でした。「アメリカの民主主義はタウンミーティングでつくられる、と聞いた。この場はまさにタウンミーティングで、『民主主義の現場』だと思った」

最後に出た参加者の発言に、時間をかけて議論を熟成させていくことの大切さを改めて感じました。

これからの日々を担っていく主人公は住民の方々です。それだけに、行政と市民が議論を交わし、ともに解決策を探り、考えていく場を持ち続けていきたいと考えています。「参加型民主主義」によるまちづくりはどこまで可能なのか。私たちの実験はまだ始まったばかりです。

いまこそ、民主主義のバージョンアップを

2013年6月29日。土曜日の昼下がり、「世田谷区基本構想シンポジウム」が開かれました。

基本構想とは、「自治体の憲法」とも呼ばれ、将来のまちづくりの基本的な指針を定めるものです。行政にとっては日々の仕事の土台となる重要なものですが、名称もかたく、認知率も23・8％（2012年区民意識調査）。それでも、会場となった世田谷区民会館大ホールには、450人の聴衆が集まりました。

市民には縁遠く思われがちな「世田谷区の憲法」に、どうやって関心を抱いてもらうか。私なりに心を砕《くだ》いてきました。これまでの道のりをふり返ります。

2011年12月、25人の委員からなる基本構想審議会（森岡清志会長・放送大学教授）が設置されて以来、8回にわたる審議会や部会の1年半にわたる議論をすべて公開していま

す。

翌年の2012年6月には、「無作為抽出方式」による区民ワークショップを行いました。朝10時開始、夕方5時終了という長時間にもかかわらず、20代から70代までの88人が集まり、世田谷区の未来ビジョンをめぐって語り合いました。

5人前後のテーブルに区職員もひとり入って、ワールド・カフェ方式で話しあいます。テーマごとに自由に席を移動しながら語り合い、最後に一番最初のテーブルに戻って全体のまとめをやります。

静かな感動を覚えたのは、20に分かれたグループがそれぞれのビジョンをたった3分間にまとめて語り終えた時のことでした。

「こんな楽しい一時はなかった。ぜひ、地域で異世代交流ができるコミュニティ・カフェをつくりたい」

「ふだんあまり目を向けていない地域について考え、視野がひらけた。こんな参加の機会は貴重だ」

参加者のなかから、そんな声が相次いだのです。たしかに、この方法だと黙って帰る人はひとりも出てきません。

また2013年1月には、基本構想にからんだ「区民意見・提案発表会」を開き、公募によって集まった29のグループが濃密な議論を重ねました。こうして区民が参加する回路を積み上げてきたことが、シンポジウムでの盛況と熱い議論につながったのだと思います。

この日、基調講演に立ったのは、審議会の座長代理をつとめた社会学者の宮台真司さんです。「話す前に原稿を書いたのは、生まれて初めて」というように、原稿を手に壇上に立ちました。その文章を少し紹介しましょう。

「東日本大震災と原発事故は、〈任《まか》せて文句を言う〉だけの「お任せ民主主義」が、我々の命を守らない事実を明らかにしました。〈引き受けて考える〉ことを旨とした「参加民主主義」へのシフトが求められたのです。そのために基本構想への取り組みが開始されました」

区民参加と熟議による「世田谷区の憲法」

1年半の審議会を通してキーワードとなったのが、合意形成の手法でした。「コンセンサス会議というデンマーク発のやり方では、対立的立場の専門家の意見や専門家同士の討議を市民が観察した上、市民と専門家との間の質疑応答をも加えて〈科学の民主化〉を行った上、最終的には専門家を排して、市民だけが決定に参加します。こうしたやり方を通じて、極端さや勇壮《ゆうそう》さを競うだけの、事実認識が出鱈目《でたらめ》なポピュリストの主張を完全に無力化すると同時に、新しい事実や価値についての気づきを獲得して、共同体自治のベースになる〈我々〉を構築します。つまり、〈民主主義を通じて民主主義をバージョンアップ（進化）する営み〉なのです」

宮台さんは、「参加と熟議」を徹底することで「民主主義をバージョンアップする」ことは議会の役割を軽視するどころか、民主主義の質を高める、と位置づけています。

基調報告に続いて、「基本構想」の文案につながった議論の経過や論点が審議会の委員から語られました。その後、聴衆から寄せられた質問や意見の用紙はなんと103枚。ほぼ4人にひとりがなんらかの反応を示してくれました。

相も変わらず「政治不信」の言葉が繰り返されるなか、キャラの立った首長のトップダウンの「改革」がもてはやされる風潮もあります。

でも、重要なのは「民主主義の進化」ではないでしょうか。情報回路をつくり、議論を交わす場をもうければ、「熟議」は可能だということを、世田谷でのささやかな取り組みが示しているように思うのです。

「ボトムアップ」の議論の結果、自治の力が飛躍的に高まり、政治と行政の質も向上するはずです。「政治不信」を嘆くマスメディアも、トップダウン批判はしても、ボトムアップの現場を取材しようという記者はほとんどいないのが不思議です。きっと、無意識のうちにトップダウンをどう評価するかという既存の枠にこもっているせいでしょう。

私には、確信があります。日本は変わることができる。そのためには、「参加と熟議」のための手間と時間を惜しまずに「民主主義の進化」を重ねて市民が力を蓄えていく。遠回りに見えるかもしれませんが、それがほとんど唯一の手法だと思います。

3・11東日本大震災の被災地から

鉄骨さらす防災庁舎が問いかけるもの

東日本大震災から2年となる2013年3月11日、私は震災直後から支援を続けている宮城県南三陸町の追悼式《ついとうしき》（総合体育館）に参列しました。

町の中心部にあった防災対策庁舎も津波にのみこまれ、多くの犠牲者を出しました。南三陸町によれば、死者619人、行方不明者216人といいます（2014年6月4日現在）。

1500名の町民とともに黙祷《もくとう》を捧げながら、あの地震の後に襲ってきた津波の猛烈な勢いを想像していました。

式典に先立ってお会いした佐藤仁町長は防災対策庁舎の屋上（高さ12メートル）で津波をかぶりながら、間一髪で生命をつないだといいます。

「気象庁の発表で高さ6メートルと聞いて、屋上で様子を見るつもりでした。まさか、津波が防災庁舎の屋上までくるとは…」

全身ずぶ濡《ぬ》れとなった町長らは、いくたびかの津波がひいたあとも、雪が降り、苛酷《かこく》な寒さにさらされました。

津波の瞬間、かろうじて水面の上にあったアンテナによじのぼり、腰から下は水につか

宮城県南三陸町の防災対策庁舎前にて、手を合わせる筆者

りながらも、胸ポケットにタバコとライターを持っていた職員がいました。手分けして流木を集めて、火をつけて暖をとり、一命を取りとめたのです。佐藤町長は振り返ります。

「あのライターがなければ私たちは生きていられなかった」

私は、宮城県仙台市の生まれです。後に父の転勤のため東京に引っ越したので、5歳までの記憶しかありませんが、故郷と言えば仙台です。震災で仙台市も含めた東北沿岸の街が破壊され、多くの人々の生命が奪われたことに打ちのめされました。そして、仙台市から約70キロ北に位置する南三陸町（旧志津川町・歌津町）の名前を意識したのは、震災直後のニュースででした。

〈南三陸町で8000人～1万人が行方不明〉

その一報に衝撃を覚えたことを思い出します。

南三陸町への3度目の訪問

こうして私が、南三陸町を訪れたのはこの日が3回目でした。最初に訪れたのは津波襲来から4カ月後でした。家や建物が潰《つぶ》れたまま残骸《ざんがい》をさらし、まるで時計の針が止まったかのような光景でした。2度目は２０１２年4月。瓦礫《がれき》の山があちこちにできて片づけが進んだものの、志津川病院など大きな建物は被災直後のままに残っていました。

そして今、あの一帯には防災対策庁舎がポツリと残っているだけで、瓦礫は片づけられ、かつて人々が暮らした街は何もかもがなくなっていました。

赤茶けた鉄骨の骨組みだけとなった庁舎には、献花や黙祷を捧げる人が絶えません。私たちが訪れた前日には、庁舎入口の祭壇に置かれた焼香の火が燃え上がり、「火をつけないでください」と注意を促したという町職員の方がポツリと漏《も》らしました。

「それでも、（まわりには何もないので）ほかに燃え移る心配はないんですが」

この防災庁舎は「震災遺構」として、東日本大震災と大津波の犠牲と被害を象徴する場となっています。ただし、ここで42名の方が亡くなるか行方不明になっていることから、遺族などの感情に配慮していったん「解体」が決まりました。しかし、大震災と大津波を忘れないために「保存」を求める声もあり、町民や遺族の間でも意見は分かれ、「まだどちらとも結論は出ていない」（佐藤町長）とのことです。

「心の復興」という言葉を何度も聞きました。私たち、東京で暮らす者と被災地のギャップは、いちじるしいものがあります。東京ではすでに日常に戻っていますが、震災から3年目に入った南三陸町ではようやく「復旧」の段階を終え、「復興」の入口に立とうとしているというのが実感です。

世田谷区の職員5人も引き続き南三陸町に残り、山のようにある仕事に向き合っていきます。現実には、復興を担う土木・建築等の技術職の職員も不足しています。これから始まる仕事が、被災地の生活再建・復興にとっての本番となります。

ここから、途方もない時間と労力、そして強い意志が必要となります。「震災から2年」を境に潮が引いていくように報道や人々の関心が薄れていくことが、これからの大きな障害になるのではないでしょうか。

少しでも多くの力を集め、支援を効果的に届けるために、知恵を絞《しぼ》りたいと思います。

消えた争点、見えない放射能

2013年7月、参議院選挙の翌日、私はこの年になって2回目の被災地訪問に旅立ちました。前回は、3月11日の南三陸町主催の追悼式でしたが、今回は福島・宮城・岩手を3日間でまわろうという計画でした。

私はまず、福島に入りました。最初に向かったのは、世田谷区交流自治体でもある福島県本宮市。福島第一原発事故の影響は色濃く、目に見えない放射線を意識しながら仮設住宅などでの生活が続いています。

「ぜひ見てください」と案内されたのが、ホールボディカウンターの検査場でした。20

11年暮れに設置された機器（検出限界値300ベクレル）は、座位で5分間計測すると、その場で結果を知ることができるため、多くの母子が訪れているそうです。

続いて、「スマイルキッズパーク」を訪ねました。就学前の子どもたち向けの屋内施設でとくに目を見張ったのは、スウェーデンから輸入した「ダンシングサンド」と呼ばれる35平方メートルの室内砂場でした。

「水に濡《ぬ》らさなくてもしっとりとした手触りになるよう砂に加工がしてあるので、いろいろな形をつくる遊びができるのです」（根本真弓・保健福祉部長）

私も手の平に砂をのせて固めてみましたが、簡単にボールやおにぎりの形がつくれます。大変な人気で、親子で砂遊びに熱中する姿がありました。

「あれ以来、砂を触《さわ》ることができなくなっていたので、砂遊びは今日が初めてです」

そんなお母さんの声も耳にしました。事故以来、放射線の影響で外遊びを控えてきた子どもたちにとって、「スマイルキッズパーク」は久しぶりに大声をあげて身体を動かすことのできる場所として人気が高く、近く小学生向けのコーナーを拡張するそうです。

続いて訪れた福島県二本松市では、屋内の遊び場「げんきキッズパーク」はあるものの、子どもたちは外出を控えがちなため、体力が低下したり肥満になったりする問題が出てきているそうです。

ところで、世田谷区では「東日本大震災復興支援金」を呼びかけてきました。2013年6月には、ひとりの区民の方から「絶対匿名」を条件に3000万円の寄付をいただき、新たな気持ちで被災地支援を継続したいと決意しました（2014年5月、支援金は1億円を超えました）。

復興支援金は「子どもたちの養護や教育環境の整備に役立ててほしい」と、これまで3回にわたって被災自治体へ届けてきました。さきに触《ふ》れた本宮市の「スマイルキッズパーク」や二本松市の小中学生向けスキー教室などにも使われたそうです。

世田谷区役所から長期派遣中の職員を激励

福島を後にして、私は宮城へと向かいました。気仙沼市で世田谷区から長期派遣中の職員の話をじっくり聞き、激励。その後、岩手県陸前高田市をへて、同じく職員を長期派遣している宮城県南三陸町、最後に東松島市を訪れました。

連日のように桁外《けたはず》れの集中豪雨が続いています。2013年7月23日には、世田谷区も1時間に100ミリもの雨に襲われ、床上浸水や路上冠水等の被害が出ました。この時、私は視察中の宮城県気仙沼市内にいて、被害状況の把握のために区役所とやりとりをしていました。ところが、その4日後には、気仙沼市内も豪雨に見舞われて、住宅などの浸水被害や道路冠水が起きました。

震災の時、気仙沼市役所は少しだけ坂道を登る高台にあって、津波を免《まぬが》れたそうです。市役所の分庁舎として使われているのが築100年という、かつての女子校の木造校舎で、地震にも耐えたと聞いて驚きました。

世田谷区からは4人の職員が気仙沼市での復興支援に当たっています。

気仙沼市では警察署があったところに職員寮がつくられ、職員たちはこの春から町中に住めるようになったそうです。４人は固定資産税評価、防災集団移転、環境評価、企画などの分野で働いていていました。漁港の水揚げ量は、震災前に及ばないものの回復傾向で、新鮮なカツオやマグロ等が市場に入るようになったそうで、明るい兆《きざ》しもかすかにのぞいているようです。

こうして、２年もの間、世田谷区役所を離れて被災地で働こうと手をあげてくれる職員の熱い志には心から感謝しています。

職員の長期派遣も、メンバーを交代しながら継続していこうと考えています。１年、また2年と長期にわたり家族と離れて被災地で働こうという希望者が続々と手をあげてくれることは、嬉しい限りです。

私の胸に強く響いた復興に汗を流す大勢の人々

福島に始まり、気仙沼市、岩手県陸前高田市、南三陸町とめぐった被災地訪問の最後は宮城県東松島市。驚いたのは、97％という同市の「がれきリサイクル率」です。

「10年前の宮城県北部連続地震の経験があったので、すぐに分別をすることにしました」

阿部秀保市長によると、なんと19種類に徹底して分別し、再資源化することによって売却した収入は4億円を超えたとのことでした。

東松島市では、外部からの力も積極的に受け入れて復旧から復興に向かう道筋を描こうとしているのも特色です。

たとえば、震災直後に車に物資を満載して駆けつけた、世田谷区出身の中村健司さんは

30代半ばの若者です。津波による犠牲者を出した野蒜《のびる》小学校をボランティアの受け入れ拠点として市から借り受けて運営にあたり、3回目の夏を迎えています。

作家のC・W・ニコルさんも、山の中にツリーハウスを建てるなど、「森の学校」をつくるプロジェクトを進めています。

震災直後に支援を表明したというデンマークのフレデリック皇太子。実際に現地に足を運び、国をあげて支援を続けています。

そして、世田谷区在住の歌手、石川さゆりさん。震災直後にスタッフと共に被災地を巡り、この東松島市で漁師たちに歌い継がれてきた「浜甚句《はまじんく》」が消滅の危機にあることを知ったそうです。歌える人が何人も亡くなるなどしたため、古老の歌を採譜《さいふ》して保存し、伝承するために動き出しました。


2013年7月24日に開かれた「復興支援シンポジウム」（大塩市民センター）で、石川さんは「浜甚句」を織り込んで生まれた「浜唄」を歌ってくれました。その歌声は、いまも仮設住宅などで暮らす大曲浜の人たちの胸に届いたことでしょう。阿部秀保市長と共にこの場に参加した私の胸にも強く響きました。

会場となった大塩市民センターは海岸から離れていたため、津波被害を免れたものの、震災直後は避難所となりました。会場に集まってくれた人たちの中には、この場での避難所での日々を思い起こした方も少なくなかったようです。

東日本大震災の復興支援を粘り強く、繰り返しよびかけ、細くても長続きする支援を続けます。

7章

地域分権と「住民参加と協働」の道

世田谷区立二子玉川公園内の「世田谷いのちの森」への植樹（2012年9月）

「特別区制度」という現実と矛盾

東京都は、1943年（昭和18年）に東京市と東京府を廃止して生まれました。この数年、話題になった大阪都構想がベースにしているのは東京都の特別区（23区）のあり方のようです。当初は、大阪府と政令指定都市である大阪市と堺市を廃止して大阪都とし、特別区を設置するとしていました。この議論を聞くたびに思うのは、東京の特別区の抱える現実と矛盾に対しての理解の薄さです。

世田谷区は、7つの県（佐賀・島根・鳥取・高知・徳島・福井・山梨）を上回る88万人という人口を抱えています。自治体運営にあたり感じるのは、東京の都区制度の限界についてです。戦時中につくられた「特区制度」は、人口規模も自治体実務をめぐる役割分担でも制度疲労が目立っているというのがいまの実感です。

世田谷区のような特別区は、地方分権改革によって国や都から基礎自治体へと事務が移管され、仕事量が増大し、事業と責任の範囲はふくらんでいます。

一方で、法人住民税、固定資産税（個人・法人）などは都税として徴収することになっており、その55％が各区に再配分されるにすぎません（都区財政調整制度）。また、地方分権の流れで基礎自治体に移行した「都市計画決定権」は、なんと「特別区」のみ権限が限定されており、まちづくりの戦略指針さえ自由につくることができません。学校教育に責任を持つ立場でありながら、教員の人事権は都であって、区にありません。

つまり、一般の市町村以上に、特別区は財源と権限が制約されているのです。

区長公選は1975年から、問われる自治力

ところで、東京の特別区は長い間、自治権拡充のたたかいを続けてきました。

戦後、行われていた区長公選は、「区は都の内部団体」とする都の意向を受けて、1952年の地方自治法改正によって廃止されました。その後、1972年に品川区議会が区長準公選条例を制定して住民投票を実施したことで、再び、区長公選への道が開かれました。

現在、区長は区議会議員と同様に選挙で選ばれていますが、実現したのは、1975年

からなのです。区長を選挙で選べるようになってから40年たらず、というのは意外という人もいるのではないでしょうか。それまで、区の管理職ポストは「都の人事の受け皿」とされた時代が長く続き、区長には幹部を動かす人事権もありませんでした。

区長公選の復活後、初の公選区長として選ばれた世田谷区の大場啓二・元区長（1975年〜2003年在任、2011年没）は「世田谷独立宣言」というポスターを制作し、さらなる自治権拡充を訴えました。そして、特別区が「基礎的な自治体」として位置づけられるようになったのは2000年のことでした。

東京都知事選をめぐる論点の中で、「子育て支援」「若者支援」「高齢者福祉」「障がい者福祉」の最前線はいずれも区が抱えています。押し寄せる大きな行政需要の波に日々さらされているのも区です。だからこそ、財源と権限が必要です。特別区のような制約された自治体の姿では、求められるニーズに十分に対応できないと考えています。警察・消防・上下水道等の広域行政を除けば、住民サービスの多くが区の仕事として行われています。

東京では、制約された基礎的自治体である特別区から「世田谷市」「新宿市」のようになることもたびたび話題にのぼってきました。それほど問題を抱えたシステムなのです。

東京都の中で「地域分権」をすすめよ

2014年2月9日、27年ぶりの大雪が降った後の東京都知事選挙は、残念ながら50％を切る低投票率の中で終わりました。「脱原発・エネルギー転換」という大きなテーマが議論されようとして、その議論は十分に深化しなかったものの、この課題について多くの人が意識したことでしょう。

より日常的な政策課題である「経済・景気対策」「高齢者福祉」や「待機児童対策」に関心が高かったとも言われています。私は、都知事選を伝える新聞記事やテレビの特集、また開票速報番組を見ていて違和感を覚えることが何度かありました。「待機児童」にしても「高齢者福祉」にしても、都道府県事務として都の手続きや審査権限はありますが、多くの現場は特別区が担っています。

東京メトロポリタンテレビで放送された池上彰さんの開票特番でも、私は「都区制度改革の課題」を法人住民税、都市計画税、固定資産税など、ごく普通の市が持っている課税自主権が特別区にはなく、都が徴収して再配分する形になっていることにふれて、「税源と権限の移譲によって、東京の中の分権を進めてほしい」と発言しました。88万人を抱える自治体として、普通の市にはある都市計画決定権が限定されているのはあまりに不自由です。

身近な「福祉の窓口」、世田谷モデルをめざす

地域内分権を話題にするなら、人口88万の世田谷区も集権的にやっていないかと問われるかと思います。28年間、区長として仕事をした故大場啓二さんがつくった「地域行政制度」が世田谷区にはあります。区内を5つの地域（世田谷・北沢・玉川・砧《きぬた》・烏山《からすやま》）に分けて、総合支所を設置しました。さらに、より身近な地区に行政拠点として出張所をつくりました。現在も、27カ所の「出張所・まちづくりセンター」として存在しています。

２０１４年春から準備を始める改革はこの27カ所の「出張所・まちづくりセンター」を「身近な福祉の窓口」と位置づけるというものです。介護保険の実務にあたる地域包括支援センターを世田谷区では「あんしんすこやかセンター」と呼んでいます。２０１４年か

ら2016年までの3年間で、これを27カ所の「出張所・まちづくりセンター」のなかに入れ、さらに社会福祉協議会の職員もデスクを置いてもらうように準備しています。最初の年は1カ所、次の年は5カ所、3年後に27カ所全体に広げ、「地域包括ケアシステム」の世田谷モデルをめざします。

この地域行政制度ができあがったのも、地域内分権の発想からでした。超高齢化社会を迎えるにあたり、地域にきめの細かい福祉ネットワークを広げていく必要があります。しかも、地域に住む住民が参加・運営するような公共サービスの機会も広げていきたいと考えています。これからの時代には、公共サービスや行政の仕事にも大きな転換が必要となります。一方通行の供給型行政サービスからインタラクティブ（相互に作用すること）な参加・協働型の自治体へと変わろうと考えているのです。

住民の暮らしの現場に近い「出張所・まちづくりセンター」に「身近な福祉の相談の窓口」を置くためには、これから多くのハードルを越える必要があります。

行政の体質も、地域の中で鍛《きた》えられ、住民との協働も濃い内容となるはずです。超高齢化時代を乗り越えるために準備にも力が入ります。

「縦割り」から「横つなぎ」で解決へ

「縦割《たてわ》り行政」という言葉があります。

行政機構が大きくなると、課題ごとに守備範囲を明確にして仕事に取り組んでいきます。ところが、時代の変化とともに、法や制度の狭間《はざま》で問題が起きたり、かつて前例のない事態に遭遇《そうぐう》したりする場合があります。

東日本大震災後の被災地を訪ねて地元市長のお話を聞くと、たびたび「縦割り行政の弊害《へいがい》」が語られます。復興事業を進めるにあたって（中央省庁の縦割り行政が）壁になっているとのことです。復興庁が予算と権限を一元化しているわけではなく、何をやるにも中央省庁とのやり取りが多すぎるといいます。

人口88万人の世田谷区も大きな行政組織となり、これまでに経験したことのない新たな課題に次々と直面しています。２０１３年秋に策定した区の20年ビジョンである「基本構想」を実現するため、今後10年間の行政方針となる「基本計画」をつくるにあたっては

「マッチング」に心がけました。

マッチングとは「目的を共有し、縦割りを越え、さまざまな分野を横つなぎ・組み合わせる手法」です。区民、事業者、区の間の壁《かべ》も取り払い、困難な課題に対しても、ベストの取り組みができるようにしていきたいと思います。

世田谷区役所では今年度から「領域連携課長」が7人生まれました。別名マッチング課長です。それぞれの領域・所管で抱える仕事を横断的につなぎ、経験や技術、手法などを組み合わせることで、より大きな効果を生むことを意識して仕事を進めていく役割です。

「空き家活用」という分野でも、都市整備系と福祉系、また地域コミュニティ系など、それぞれのアプローチや活用事例があります。これまでは、それぞれの領域・系列の中に閉じこもって、互いに情報や経験を共有する機会が不足していました。ところが、こうした事業に参加する区民から見ると、活動内容も形態もよく似ているので、互いにつながっていないことが不思議に思えます。

まさにマッチングが求められるのですが、ただの情報交換や手法の違いを知ることにとどめてはならないと思います。縦割りの器《うつわ》から出て、時代や社会の求める課題と価値を共有するチームとしての主体を持つことで、迅速《じんそく》かつ合理的な解決策を練り上げていきます。この「横つなぎ」の経験は、器《うつわ》に戻ってからも生きていくはずです。

器の外に出て仕事をするからこそ、「いまの時代に、この器はそぐわない。思い切って、かたちを変えるべきだ」という視点も出てくるでしょう。自治体組織のかたちは、伝統的な骨組みを変えないまま、明治の昔から連綿《れんめん》と続いてきた部分を引きずっています。

国の中央省庁再編から14年がたちました。内閣府の領域・人員ともに広がっていると伝え聞きます。旧建設省から国土交通省に変わっても、道路・住宅といった許認可事務の流れは、国・都道府県・自治体と連なっています。ところが、内閣府で扱う「科学技術」「男女共同参画」「子ども・若者支援」「食育」「犯罪被害者支援」「自殺対策」「子どもの貧困対策」「消費者行政」などは、自治体行政の枠《わく》ではすっきり受け止めきれないものも少なくありません。

どのような組織に生まれ変わるのがいいのか。マッチングの議論を深め実践を重ね、その解答を実行に移していきたいと思います。

学校のリノベは解体・新築より7・5億円節減

自治体の財政にとって、老朽化した公共施設の更新は頭の痛い問題です。

世田谷区のように、小中学校あわせて93校もあると、1校で平均27億円を要する改築費用は大きな支出になります。また、従来までの学校改築では、校庭にプレハブ仮設校舎を建て、本校舎の解体そして建築、さらには仮設校舎を解体して工事が終了します。そのプレハブ仮設校舎にかかる費用が平均で3億8000万円にもなるのです。

現在のプレハブ仮設校舎は堅牢《けんろう》な建物で、仕上がりは立派です。ベニヤ板の床がきしむような半世紀前のものとは違います。といっても、数年で解体するものにかける費用としては、けっして小さくはありません。そこで、行財政改革の対象として、学校建築のあり方を変えることはできないだろうかと考えました。

日本には、古くなったコンクリートの建造物は「寿命」ととらえ、取り壊して改築するという「常識」があります。でも、それが本当にいいのでしょうか。私は、「大規模改修・リノベーション」で徹底的に手を入れて再生させる手法を取るようにできないか、と問題提起しました。リノベーションとは、既存の建物に大規模な改修工事を行い、用途や機能を変更して性能を向上させたり付加価値を与えることです。

当初は、「学校のリノベーションは費用と工期が余計にかかる」という強い反対論がありました。従来からの方法を変えようとする時、一見もっともな理屈や数値を出してきてこれを阻《はば》むという場面がよくあります。「コンクリートの経年劣化」がひとつの論点でした。長期間にわたり使用しているコンクリートが酸化して鉄筋をいためるから寿命が短いという主張に対して、これを客観化・相対化する検討が必要でした。専門家の力を借りて、「コンクリートの強度の劣化対策」から全国の学校リノベーションの事例研究までの勉強会を重ねました。すでに学校のリノベーションは全国で始まっていて、いくつもの意欲的な事例がありました。費用を削減できるだけでなく、さまざまな手法が開発されていることを知りました。

こうして世田谷区で議論しているうちに、文部科学省は「学校長寿命化」に取り組む姿勢を明確に打ち出しました。これまで40年程度で取り壊し改築対象としてきた学校を、リノベーションによって80年使用可能に再生させるよう推奨《すいしょう》する方針へと転換しました。背景にあるのは、全国の自治体の財政難です。今後は「取り壊し」を前提とせずに、リノベーションの可能性を探っていく潮流が全国的に生まれていくでしょう。世田谷区でも、区立深沢中学校の一部をリノベーションすることが決まりました。これは、文部科学省の「学校長寿命化対策先導事業」に選定されています。リノベーションによる削減額はざっと7億5000万円となる見込みです。

こうして、まずは学校リノベーションの可能性を探り、校舎の配置や敷地の制約などの事情から全面改築を決めた場合でも、さらに一工夫することにしました。全面改築の場合、仮設校舎として利用できる空き校舎や空き教室が近所にあれば、それを代替校舎として活用するのです。そうすることでプレハブ仮設校舎をつくらないか、あるいはつくったとしても規模を抑えることができます。

事例をあげましょう。たとえば、改築予定のA校の児童・生徒が、工事期間中に「空き教室」のあるB校に全員移れば、プレハブ仮設校舎の建設・解体費用は節約できます。また、「空き教室」を一部利用しながら、規模を縮小したプレハブ仮設校舎をつくることでも予算は削減できます。前者は3億円前後、後者でも1億円を超える節約効果が見込まれます。

子どもたちが、工事中にこれまで以上に歩かなければならないという側面はありますが、区内は学校が密集している地域も多く、子どもが歩ける範囲内で利用する学校を選んでいます。もちろん、交通量の多い道路を避《さ》けるなど、より安全な通学路の選定に留意します。効果は財政面だけではありません。自校で工事を完結させるのではなく、近くの学校に借りた「仮校舎」を利用することで工期を3分の2まで圧縮することができるのです。

子育て支援や福祉等の新しい課題に取り組む財源へ

教育委員会でまとめた「新たな学校施設整備基本方針」（第2次）では、学校の長寿命化をめざしたリノベーションや、建設コストの縮減について次のようにふれています。

〈学校施設の既存の躯体《くたい》を活用して、改築よりもコストを抑え、求められる機能を付加して教育環境を確保する長寿命化の対策として、長寿命化改修（リノベーションなど）の手法を採用した新たな取り組みも重要です〉

このようにして削減した予算の一部を、子どもたちの教育環境や教材、校外学習や見学等の機会を増やすことに充てていきたいと考えています。行財政改革というと、とかく「区民サービスの削減」「施設利用料の値上げ」等が検討対象となります。たしかに、リーマンショック以降の経済減速に直撃された区財政を立て直すために、私はこうしたメニューにも取り組んできました。ところが、1億円を削減するのは並大抵ではありません。

もっと大きな予算の構造に切りこもうと、着目したのが「学校建築手法の改革」でした。現在計画が進んでいる学校の改築・改修でも、プレハブ仮庁舎を使わないなどの手法により、これまでと比べて13億7000万円の経費削減につながる見通しです。建設業界の人手不足やコストの上昇を考えると、自治体財政にとっては大きな改革です。また、ブラックボックス化しがちな電算システム経費も専門家を入れて見直しました。

このように、区長就任から3年間で、歳出抑制の工夫をこらし、どうやら「起債（借金）」より「基金（預金）」が上まわる22年ぶりの「借金ゼロ」にたどりつけそうです。これからも、歳出構造の骨格を変えることによって、子育て支援や福祉等の新しい課題に取り組む財源を生み出していきたいと考えています。

袴田巖さん釈放に万感、問われる国の責任

無実の死刑囚として拘置《こうち》されていた元プロボクサーの袴田巖《はかまだいわお》さん（78）が、48年ぶりに釈放されました。2014年3月27日午後5時、東京拘置所から出てくる映像を見て、万感こみあげるものがありました。

袴田さんは、1966年6月に静岡県の味《み》噌《そ》工場の専務宅に侵入し家族4人を殺害した後で放火した事件の容疑者として逮捕され、1968年に静岡地裁で死刑判決を受け、1978年東京高裁での控訴棄却。1980年に最高裁で死刑が確定していました。

私が袴田さんの置かれている立場を知った

チャンピオンベルトを贈られた袴田さん

のは、衆議院法務委員会に属して活動していた1998年のことでした。私が人権問題をたびたび法務委員会で取り上げていることを知って、袴田さんの姉の秀子さんが支援者の方々と議員会館に訪ねてこられたのです。

「もう3年半、巖《いわお》と会っていません。年に何回か東京拘置所に面会に行きますが出てきてくれない。いったい、どんな様子なんだか……」

東京拘置所の中で、袴田さんは何をしているのだろうか。身体や精神の状態はどうなのだろうか、秀子さんは心配していました。

当時、すでに30年を超える長期の拘置が続き、しかも確定死刑囚として20年あまりも「死刑執行の恐怖」にさらされていた袴田さんは、次第に心の変調をきたすようになっていました。1990年代半ばには、弟の無実を信じて東京拘置所に通って励ましてきた唯一の理解者である秀子さんの面会も拒絶するようになった、と聞きました。

45通の供述調書の1通のみを採用した死刑判決

私の仕事は、拘置所での袴田さんの身体や精神の状況をできるだけ詳細に聞き取り、秀子さんや弁護団、支援者に伝えることでした。

袴田さんは裁判の中で、「神さまー。僕は犯人ではありません。僕は毎日叫んでいます」（母親にあてた手紙）などと5000通あまりの大量の手紙を記して、無実を訴えていました。司法の場で自らの潔白が証明されることを信じていたのです。

ところが司法は、袴田さんの無実の訴えを踏みにじり、静岡地裁の死刑判決を上級審も維持したまま、死刑が確定していきます。

その司法判断には首をかしげるしかありません。一審で死刑判決を出した静岡地裁は、警察による連日12時間に及ぶ取り調べによって作成された45通の供述調書のうち、じつに44通を「違法な取り調べ」によるものとして棄却しました。それでも、残る1通を採用して死刑判決を出したのです。

2003年3月東京拘置所で袴田さんとの面会が実現

1994年、一縷《いちる》の望みをかけた再審請求が静岡地裁で棄却されると、袴田さんは裁判関係書類の差し入れを拒否し、弁護士とも面会しなくなりました。

そして、東京拘置所にいるはずの袴田さんを訪ねても、面会できない状態が3年半も続いていることを知りました。法務省に袴田さんの状況を尋ねると、刑務官が面会者の来訪を告げても、「袴田巖はいない」と言って、面会室に出ていかないのだと言います。

当時、何度も法務省矯正《きょうせい》局とやりとりをしました。「精神状態が悪い」ということも聞いている。一度、どうにかして袴田さんと会わせてもらえないか」と要望し、交渉が実り、異例のことですが、2003年3月10日に東京拘置所で面会が実現しました。その日は袴田巖さんの67歳の誕生日でした。

姉の秀子さんと弁護士3人と一緒に面会室で待っていると、ふっと扉が開いて、袴田さんらしき人が入ってきました。がっしりした体格で、元プロボクサーの面影がありました。ただ、眼光は鋭く、警戒も解いていないようです。以下、面会後にメモを作成した笹原恵さん（静岡大学大学院教授）による記録です。
巖「すごい風だなあ……」
秀子「今日は誕生日だね」
巖「……」（聞こえなかったようす）
秀子「今日は3月10日で誕生日だね」
巖「（秀子さんを指さし）あんたの顔は知らない。知らない人だよ、この間も面会に来てたようだけど」
秀子「（かまわずに）ああそうだよ。この人は保坂さんといって国会議員、この人は秋山さん、弁護士さん。この人は岡島さん、弁護士さん。この人は小川さん、弁護士さん…」
（といって全員を紹介）
保坂「元気ですか」
巖「元気ですよ」
保坂「今日はあなたの誕生日ですが、わかりますか？　67歳ですね」
（以降、主に私、保坂の顔を見ながら話していた。保坂に何かを聞かれて、自分が答えるのがうれしそうだった）
巖「そんなことを言われても困るんだよ。もういないんだから、ムゲンサイサイネンゲツ（無限歳歳年月？）歳はない。地球がない時に生まれてきた。地球をつくった人…（意味不明）」
保坂「ご両親についてお話ししたい」
巖「困るんだなー。全てに勝利したんだから」「無罪で勝利した。袴田巖の名において。……」「神の国の儀式があって、袴田巖は勝った。日本国家に対して5億円の損害賠償を取って…」
保坂「5億円はどうしたんですか」
巖「神の国で使っている」

保坂「袴田巖さんはどこに行ったのですか?」
巖「袴田巖は、智恵のひとつ。私が中心になった。昨年儀式があった」「儀式だ…宇宙…。全世界のばい菌と戦っている。（ばい菌に）死刑判決を下している。昨年1月8日まで袴田巖はいた、もういなくなった。1月8日に全能の神である自分が吸収した。中に入っていった。私の智恵のひとつ。なくなっちゃう」「ばい菌をころさんやいかん。ネズミが伝染病を持ってくる。人に入ってくる。ばい菌の菌のもと」
保坂「今日はどうしていましたか?」
巖「今日は、やることはない。儀式の問題。今日は畳を替えると言われた」
（このあたりで巖さんの表情はだいぶほぐれてきていた…保坂談）
保坂「（秀子さんを指さして）袴田さんのお姉さんですよ」
巖「わからない。女の人をボンボン機械で写す」
保坂「こちらお姉さんですよ」
巖「袴田秀子（の顔）だということはわかっている。機械で写された。機械が写しこんでつくった偽物だ。メキシコのババア。儀式の意思決定なので仕方がない」
保坂「機械じゃなくて本物ですよ。本物のお姉さんですよ」（大きな声で）
巖「本物ではない。機械に書いてある」「宇宙の機械。そういうことは宇宙の儀式で決まった。儀式でばい菌を殺すためだ。話はするが儀式だ。世の中あーだこーだ言っても儀式だから仕方ない」
保坂「ここはどこですか?」

巖「面会場、アキヤサン（アキバサン？）の面会場。富士山の下の御殿場にあったが、こっちに移転してきた。……」

（保坂には「あきやさん」と聞こえ、秀子さんは「秋葉山（あきばさん）」と聞こえたという。ちなみに、秋葉山は火の神）

保坂「なんでここにいるのかわかりますか？」

巖「神の儀式で決まった。死刑囚はしょうがない。死刑も廃止した。東京拘置所は廃止された。監獄は廃止した。東京国家調査所、オレは所長一番偉い。私は世界一の男だ。ばい菌がひとつになった…1月8日死刑執行は拒否、いなくなった。袴田巖はいなくなった」

保坂「あなたの名前は」

巖「イジョウドウブン（イカドウブン？（以下同文）全能の神」

保坂「こちらにおられるのが、あなたの再審の弁護をしている弁護士の秋山さん。秋山さん聞きたいことがありますか？」

秋山「再審請求は、もうすぐ高裁決定ですよ」

巖「そんなことはない。いやもうもう。もう完全に勝ったから、完全に統合しましたので、そんな話はしないでくれ。（袴田巖は）私の体の中に入って…」

保坂「出してくれませんか」

巖「もういいんです。関係ないんです」

保坂「こちらは秋山先生という弁護士さんですよ。袴田さんの再審請求についてのお話があるんですよ。弁護団に言いたいことは何かありませんか」

巖「そんな必要はない。監獄はなくなった。廃止された。東京拘置所はなくなった。東京国家調査所、所長…。死刑執行をできないようにした」「最大のタカがみんな食っちゃう。死刑執行はできないいんだ。……」「一昨年まで袴田巖はいたが、神の国に帰っただけのこと。生きるものとしての戦い。ばい菌との戦い……」「自分を殺すことは、自分ではできねー」「監獄を廃止した。いまは清算をしている」
保坂「お金はどうですか」
巖「お金を出せばシャバで使える」
保坂「誰が入れてくれるのですか?」
巖「家族が入れてくれる」(秀子さんを指さして)「この人は別だ。このババアー」
保坂「食べたいものはありますか?」
巖「食べたいものはない」
保坂「運動はしてますか?」
巖「運動は歩いている。歩きながら、ばい菌がどうなっているか考える」
保坂「弁護士に言いたいことはありませんか?」
巖「せっかく来てくれたのに申し訳ない」
岡島「お母さんのことは覚えていますか?」
巖「袴田だという記憶がない」
保坂「医者は来ますか」
巖「あーそういえばそんなような服装をしたのが時々くるけど、それももう廃止された。くそをくそにしてしまう。全能の神だから……」
保坂「今日は、忙しいところどうもありがとうございました。また一緒にお話を聞かせていただけますか」
巖「どうかなー。おれも忙しいんだよ」
退出する時、書記役の職員がわざわざ秀子

さんを呼び止めて（面会室の真ん中のアクリル板の穴があいたところで）「今日はずいぶんたくさん話しましたね（よかったですね）」と声をかけてくれた。（以上笹原恵さんメモ）

「死刑判決」を書いた元裁判官、異例の号泣告白

このやりとりを読めばわかるように、長年の拘置によって精神に変調をきたす拘禁《こうきん》反応が強く出ていて、すぐにでも治療が必要な状態でしたが、何の治療もなされませんでした。

2007年、私は、国会内に、ひとりの元裁判官を招いた勉強会をセットしました。彼こそ袴田事件の一審を静岡地方裁判所で担当し、「死刑判決」を書いた裁判官だった人、熊本典道さんです。一審の死刑判決に関与したことを悔《く》いて、号泣しながら袴田さんに謝罪した元裁判官の熊本さん。多数のメディアの前で、「自分は無罪を確信していたが、他のふたりの裁判官に押し切られて死刑判決を書いてしまった。悔やんでも悔やみきれない」と告白したのです。この異例の告白はテレビ等で大きく報道されましたが、一方で「裁判官として守秘義務違反ではないか」と司法官僚と一体化した論評に終始するメディアがあったことを忘れずにいたいと思います。

面会でもふれているように、再審への期待が高まったのは、いまから10年も前のことでした。

2004年8月。四谷の中華料理店で私は秀子さんや弁護士のみなさんと、東京拘置所にいる袴田さんに、どのように「再審開始」という朗報を伝えるかの案を練っていました。翌日の東京高裁に対する期待は大きく、「き

っと始まる、大丈夫だ」という声がありました。しかし、その熱い期待に反して、東京高裁は再審を求める訴えを棄却しました（弁護団は即時抗告）。

ボクシング界からも広がる支援の輪

それでも、秀子さんをはじめ、支援者も弁護団もあきらめませんでした。ボクシング界からも支援の輪は広がりました。私が２００９年に国会を去った後も、袴田さんを支援する国会議員連盟がつくられました。

思い出すのは、無実を訴えながら２００３年に獄中で亡くなった波崎事件の冨山《とみやま》常喜《つねき》さん（享年86歳）のことです。

亡くなる半年前、私は東京拘置所と交渉して、所内にある集中治療室で民間の医師の立ち会いのもとに冨山さんの健康状態をチェックする機会を設けました。「このままじゃ死ねないよ。無実を認めてもらわないと」

病床の冨山さんはそうつぶやきました。人工透析と中心静脈栄養のチューブがつながっている状態を見て、立ち会ってくれた新葛飾病院の院長だった医師清水陽一さん（２０１１年没）は言いました。

「このままでは、必ず感染症で亡くなります。うちの病院でリハビリをしましょう。そうすれば、回復する可能性があります」

しかし、その提案は認められませんでした。そして、医師の言葉通り、冨山さんは半年後、感染症のため息を引き取りました。

それだけに、48年という歳月をへて、袴田さんが生きて東京拘置所を出ることができたことは幸いです。たとえ再審請求中であっても死刑を執行された例もあります。1980年に死刑が確定してから34年もの間、いつ死刑執行されるかわからない恐怖は想像することもできません。

そうしたなか、獄中で無罪・冤罪《えんざい》を訴える元プロボクサー袴田巖さんの新証拠が明らかに。第2次再審請求のやりとりの中で検察側が開示した当時の捜査記録の中に、「(現場近くの)寮から消火活動に向かったところ、袴田(死刑囚)が後ろからついてきた」と証言していたのです。

この同僚の証言は、「出火当時は寮で寝ていて、火事を知って消火活動に向かった」という事件当初の袴田さんの供述と一致します。これまでの確定判決では、「当日夜から鎮火《ちんか》まで袴田さんの姿を見た者はいない」としてきました。袴田さんが有利になる証言は検察側でずっと封印されてきたのです。捜査をした警察・検察、死刑判決を続けた司法の責任をうやむやにするには、袴田さんの生命が尽きることが、国にとって一番都合がよかったのではないでしょうか。

再審の扉を閉じたまま袴田さんが亡くなれば、真相を闇の中へ葬《ほうむ》ることができるからです。この間、袴田さんを担当した検察官も裁判官も次々と交代していきました。ただ、時がすぎるのを待っているかのように。

しかし、「永遠の沈黙」に陥《おちい》ることはありませんでした。私は袴田さんが生還した喜びをかみしめながら、この不条理を半世紀続けた国家の責任を強く問うべきだと考えています。

あとがき　「希望の地図」の描き方

「コミュニティデザイン」とは、コミュニティデザイナーの山崎亮《りょう》さんが近年、大きく広げた言葉です。

２０１１年3月11日、東日本大震災と原発事故以来、格別な意味をこめて使われるようになりました。街は暮らしの場であり、主人公は市民です。都市化と分業が進んで、人々が肝心の暮らしの場に居場所がもてなくなっています。

互いに知恵を出して語り合い、問題の事物を整理して、快適な街を生み出すためにどうしたらいいでしょうか。街の現状と課題を共有して、十分に語り合う必要があります。コミュニティデザインは、地域で人と人のつながりをていねいに、細やかに紡《つむ》いでいきながら、デッサンを進めます。

かつて、このプロセスを世田谷区では「住民参加のまちづくり」と呼んできました。積極的にワークショップを重ね、多様な住民の意見が交わされ、行政の描いていたコンテとは異なる「まちづくり」が生み出されてきました。たとえば、小川のせせらぎが流れる北沢川緑道は、いま人気の散歩道となりました。じつは、北沢川の暗渠《あんきょ》化にともないできあがった地上部のせせらぎは、下水再生水を利用した人工的なものです。当初、行政の描いていた計画は直線の川でしたが、ワークショップで「川はくねくねと曲がっているもの」という声があがり、その通りになりました。

30年もの年月が経過すると、緑も深くなり水辺の植物も定着し、心落ち着ける空間となっています。周辺の住民のみなさんが、草花の手入れや掃除を続けてくれていることが魅力的な緑道をつくりあげています。先日、散歩していたら幅1メートルもない川にサギが舞い降りていました。

2013年11月。小田急電鉄社長と世田谷区長で「小田急線上部利用のゾーニング合意」を行いました。2013年3月、複々線化にともない、小田急線が代々木上原から梅ヶ丘にかけて、地下にもぐりました。その後の線路跡地を魅力的な都市空間にしていこうという計画が始まっています。周囲は住宅密集地のために、防災倉庫や災害時に必要な施設を備え、歩行者専用の道をつくります（災害時は緊急車両が通行）。

小田急電鉄が計画する商業施設や建築物と、区が準備する公園や防災設備がバラバラにあるのではなく、「ひとつながり」となることが大事です。緑が連なり、ゆっくり歩くことを楽しめる「ひとつながり」の散歩道ができるのが楽しみです。このゾーニングの議論を進めるにあたって、ニューヨークにあるハイライン（高架の貨物線の線路を取り壊すのを中止して人々が憩《いこ》う公園としてつくり変えられたもの）も、大きなヒントをくれました。

2013年9月に策定された世田谷区基本構想には、「歩いて楽しいまちにする」という言葉が書かれています。「歩いて楽しいまち」こそキーワードです。2012年3月から区は民間団体、事業者とともに「まちなか観光協議会」を運営しています。

この「まちなか観光協議会」の発足以来の顧問が、清水慎一さん（観光地域づくりプラットホーム推進機構会長・立教大学講師）です。これまで大企業で観光を手がけてきた清水さんですが、旧来からの「観光」の概念を変えなければならないと力説されています。いわゆる「観光用施設」には魅力がない、観光客はそっぽを向いてしまう、観光用の「箱もの」をつくって、商品を並べていても、それはしょせん「つくりもの」だというのです。そこに住まう人が大事にしている小さなマーケットや、商店が大事なのです。

清水さんは、「住んでよし、訪れてよし」と一言で表しています。住んでいる人たちが大切にして、また暮らしを楽しんでいる姿を、訪問者であるお客さんが楽しむ、それが観光の原型だといいます。世界中で、道路が車の占有物ではなくなり、路上カフェや出会いの場、散策の道となっています。都市の魅力は、観光用の大きな構造物をつくるのではなく、「歩いて楽しいまち」にあるといいます。

世田谷区には日本中央競馬会（ＪＲＡ）の馬事公苑があります。ここに、乗合馬車が日々訓練を重ねているのを聞いて、実験的に「馬車観光」を試みてみました。日曜日の三軒茶屋に、ＪＲＡの馬車を運んできてもらい、茶沢《ちゃざわ》通りを片道３００メートルほど往復してもらいました。親子連れ優先で乗ってもらいました。沿道からは、どよめきがあがりました。この通りを馬車が通ったのは、半世紀ぶりでしょうか。

世田谷区の魅力を点と点でつないで「まち歩き」をすることで感じてもらいたいと願っています。

本書に、希望の地図の描き方、と副題をつけました。

永田町政治の場では、困ったことに「言葉」は色あせ力を失っています。政治家への信頼度もひどく低い状態です。2009年に大きく期待を集めた民主党の「マニフェスト」と「政権交代」後の失速が災《わざわ》いしているのだと思います。「希望の地図」というだけで、実現するかどうかわからない「バラ色の絵図」の印象がつきまとい、そんなもの信じるものかという人々の反応が手に取るように見えます。

だからと言って、多くの人々が「旧《ふる》い政治」への全面的な回帰に納得しているわけではありません。強いものはより強く中心部で富を謳歌《おうか》し、弱いものはより弱く周辺部に吹き飛ばされるような政治は、人々が内面に宿す「希望」を縮小させ、また奪いかねません。

私は世田谷区長として、人々に飽《あ》きられた「バラ色の絵図」でもなく、「旧い政治への回帰」でもない第三の道を描こうとしています。本書は、理念や評論ではなく、具体的な実現したテーマについて、どのように取り組んだのかを語る実践の本です。

「希望の地図」は白紙からではなくて、すでに区役所の職員とともに、また多くの区民の声と参加を受けて、アウトラインを描きつつあるのです。このアウトラインとなった先駆《せんく》的な事業やプロジェクトが実現していけば、これからさらに多くの人々が参加して、さらに大きく明確な地図を描くことができるでしょう。現実の地域や社会を変えるためには、たくさんの労力と知恵、根気も必要です。それでも、小さな課題でも「でき上がった」「やればできる」という体験を積み上げていけば、そして、人々が「希望の地図」の描き方を習得することができれば、きっと社会は変わります。

２０１２年９月、世界中に約４０００万本の植樹をしてきた宮脇昭さんが指導して、「世田谷いのちの森」の植樹イベントがありました。（写真７章扉２３３頁）毎日新聞社と国土緑化推進機構の準備してくれた１４００本の苗木を、二子玉川公園の一角に植樹しようというものです。会場に入って驚いたのは、参加者が何と７５０人もいたことです。親子連れにおじいちゃん、おばあちゃんも加わった家族もいました。若いカップルもいました。20年後の立派な森をつくるために、残暑厳しい公園に集まってくれたのです。私は、参加者の熱気を受け止めて、宮脇さんの前でこれからも都市の中で「森づくり」を続けていくことを誓いました。「希望の地図」の中に、幼い頃に自分が植えた「いのちの森」が記されていたら、これ以上のことはありません。

政治や行政が、人々の内面に立ち入るのは、極力慎《つつし》みたいと思ってきました。生きがいや幸福感は、まさにそれぞれの人生で描くものだからです。世田谷区内でも、毎年50人前後の人たちが、人知れず亡くなっていきます。そのうち何人かは、近親縁者を探すこともかなわず無縁仏として葬《ほうむ》られます。88万都市の影の部分かもしれません。

できるだけたくさんお金を稼ぎ、次々と最新の商品を購入し、暮らしをステージアップさせていく…これは、1960年代から1990年代初頭のバブル経済崩壊の頃まで、多くの人が体験した「成長モデル」です。それから20年、かつてのような「成長モデル」は過去のものとなりました。

古いものを大切に修繕を加えながら長い期間使用していくライフスタイルが広がっています。「空き家活用」の話題に熱気がこもるのも時代の反映です。SNS時代ですが、インターネットの画面を閉じて、直接に向き合って意見交換する場もにぎやかです。無作為抽出式の区民参加ワークショップは、「こんな楽しいひと時はなかった」という感想を多くの参加者が残しました。

宝は足元にあります。いま、ここにいる場で深呼吸し、充実した時間を過ごすことができれば素晴らしいことです。

本書は、次から次へとテーマを変えながら、書き続けてきたコラムを再編成してつくりました。毎週の原稿をチェックしてくれた朝日新聞デジタルの諸永《もろなが》裕司さん、熱心に本づくりの作業を進めてくれた「ほんの木」の柴田敬三さん、そして、数多くの住民参加の場に参加してくれた区民のみなさん、アドバイスをいただいた専門家のみなさんに感謝します。加えて、ここに報告する各事業やプロジェクトを進めてくれた世田谷区職員のみなさん、また、世田谷区議会での議員の方々からの提案や問題提起を受けて、実現をはかるヒントや示唆をもらったことにも心より感謝をします。

最後に、朝から晩まで飛び歩いている私を支えてくれている妻に、ふだんは言えない感謝の言葉を記してペンを置きます。

２０１４年８月15日　保坂展人

保坂展人
プロフィール

1955年、宮城県仙台市生まれ。世田谷区長。高校進学時の内申書をめぐり16年間の内申書裁判をたたかう。新宿高校定時制中退後、数十種類の仕事を経て教育問題を中心に追うジャーナリストに。1980～90年代、世田谷区を拠点に教育問題に取り組むプロジェクトを展開。1996年衆議院初当選。衆議院議員を３期11年務め、総務省顧問を経て、2011年、世田谷区長となる。『いじめの光景』（集英社文庫）『闘う区長』（集英社新書）ほか著書多数。

保坂のぶとオフィシャルサイト
http://www.hosaka.gr.jp/

保坂のぶと事務所FACEBOOK
https://ja-jp.facebook.com/hosakanobuto

保坂展人ツイッター
https://twitter.com/hosakanobuto

保坂展人のどこどこ日記
http://blog.goo.ne.jp/hosakanobuto

朝日新聞デジタル &w　太陽のまちから
http://www.asahi.com/and_w/taiyo_list.htm

後援会のご案内

保坂展人と元気印の会

「元気印の会」は、1996年に保坂展人が衆議院議員に初当選した時に、全国から保坂を支え、市民の声を政治の場に活かすべく誕生しました。2011年から世田谷区長となりましたが、区民の声を真に区政に反映させていき、全国に新しい地方自治のモデルを広げていくために、ますますの支援が必要です。あなたもぜひ支援の輪に加わってください。

保坂展人と元気印の会
〒156-0043 世田谷区松原6-26-15 つるやビル201
Tel: 03-6379-2107 FAX 03-6379-2108
Email: hosakanobuto@tenor.ocn.ne.jp

入会のご案内とカンパのお願い

「保坂展人と元気印の会」は、市民の皆様の力で支えられてきました。後援会のご入会及び、カンパも承っております。何卒よろしくご支援下さいますようお願い申し上げます。

会費	●一般会員	年間一口	5,000円
	●賛助会員	年間一口	3,000円
	●特別会員	年間一口	10,000円

下記出版物とDVDについては、事務局にお問い合わせ下さい

闘う区長　本体700円＋税　集英社新書
世田谷区から、自治体から日本を変える提言の書。

いじめの光景　本体457円＋税　集英社文庫
いじめと学校制度の関係、その解決の道を探る。

学校だけが人生じゃない　本体1,500円＋税　結書房
「いじめに負けない自分を作ろう」自身の体験談。

次世代政治家活用法　本体1,300円＋税　リヨン社（発売二見書房）
市民向け、政治を変えるノウハウ本。

ちょっと待って！　早期教育　本体1,359円＋税　学陽書房
「子育てに手遅れはない」ことを描き出した好著。

なぜ八ッ場ダムは止まらないのか　本体2,000円＋税　ほんの木
公共事業の問題点をえぐるジャーナリスト保坂展人の本格DVD。

88万人のコミュニティデザイン
希望の地図の描き方

2014年 9 月9日　第 1 刷発行
2014年10月8日　第 2 刷発行

著者……………保坂展人
発行人…………柴田敬三
編集……………柴田敬三　高橋利直　野 洋介
営業・広報……高橋利直
業務……………岡田承子
発行所…………株式会社ほんの木
〒101-0047　東京都千代田区内神田1-12-12 美土代ビル3階
TEL 03-3291-3011　FAX 03-3291-3030
郵便振替口座00120-4-251523　加入者名　ほんの木
http://www.honnoki.co.jp　E-mail　info@honnoki.co.jp

印刷　中央精版印刷株式会社

ISBN 978-4-7752-0088-9

尾木ママの教育をもっと知る本

尾木直樹 著（教育評論家・法政大学教授）

定価 1,500 円（税別）A5 判 / 128 頁

日本の大学の現状、教育についての疑問・質問に尾木さんが答える「教育相談インタビュー」、裏話も飛び出す「尾木ママの部屋」など、盛りだくさんの内容です。

グローバル化時代の子育て、教育「尾木ママが伝えたいこと」

尾木直樹 著（教育評論家・法政大学教授）

定価 1,500 円（税別）A5 判 / 128 頁

上海の教育現場視察レポートなど、グローバルな視点から日本の教育のこれからのあり方を問いかけます。

尾木ママと考える　いじめのない学校と いじめっ子にしない子育て

尾木直樹 著（教育評論家・法政大学教授）

定価 1,500 円（税別）A5 判 / 128 頁

誰よりも「子どもたちの幸せ」を願う尾木ママが、教師としての経験や、教育評論活動で培った深い洞察から、いじめに対する具体的な解決法を提案します。

自己肯定感の育て方

ほんの木 編

定価 1,500 円（税別）四六判 /200 頁

何気なく使う言葉が、子どもたちを知らぬ間に傷つけているかもしれません。叱る時、ほめる時の言葉、気をつけたい言葉など、親の言葉かけの特集です。

気になる子どもと シュタイナーの治療教育

山下直樹 著（スクールカウンセラー・シュタイナー治療教育家）

定価 1,600 円（税別）四六判 /224 頁

障がいを持つ子の理解、よりよい支援をわかりやすく綴った本。子どもの本質と向き合う著者の姿勢が評判。

ご注文・お問い合せ　ほんの木　TEL 03-3291-3011　FAX 03-3291-3030

メール info@honnoki.co.jp　ホームページ http://www.honnoki.co.jp

もう原発は
いらない！
脱原発

原発を
ゼロにする
33の方法
柴田敬三
読むデモの本